U0947099

PUBLIC ECONOMICS AND POLICY STUDIES

公共经济与政策研究

2018（下）

西南财经大学财政税务学院
西南财经大学地方财政研究中心
编

中国·成都

图书在版编目(CIP)数据

公共经济与政策研究.2018.下/ 西南财经大学财政税务学院,西南财经大学地方财政研究中心编.—成都:西南财经大学出版社,2019.1
ISBN 978-7-5504-3878-1

Ⅰ.①公… Ⅱ.①西…②西… Ⅲ.①公共经济学—研究②政策科学—研究 Ⅳ.①F062.6②D0

中国版本图书馆 CIP 数据核字(2019)第 013535 号

公共经济与政策研究 2018(下)

GONGGONG JINGJI YU ZHENGCE YANJIU 2018(SHANG)

西南财经大学财政税务学院
西南财经大学地方财政研究中心 编

责任编辑:向小英
责任校对:涂洪波
封面设计:墨创文化
责任印制:朱曼丽

出版发行	西南财经大学出版社(四川省成都市光华村街 55 号)
网 址	http://www.bookcj.com
电子邮件	bookcj@foxmail.com
邮政编码	610074
电 话	028-87353785 87352368
照 排	四川胜翔数码印务设计有限公司
印 刷	郫县犀浦印刷厂
成品尺寸	185mm×260mm
印 张	9
字 数	183 千字
版 次	2019 年 1 月第 1 版
印 次	2019 年 1 月第 1 次印刷
书 号	ISBN 978-7-5504-3878-1
定 价	68.00 元

《公共经济与政策研究》编委会

目 录

2018（下）

市场化进程、政府干预与区域经济发展
——基于面板 VAR 与门槛模型的实证检验

郑尚植 刘雪敏

内容提要：本文利用 1999—2014 年的省级面板数据，基于面板 VAR 模型动态分析市场化进程、政府干预和区域发展差距三者之间的相互影响；进一步运用面板门槛模型更加详细、研究在三者相互作用、相互影响的前提下，区域发展差距的趋同、趋异变化情况。研究表明：无论市场化水平如何，政府干预都只会扩大区域发展差距；市场化水平的不同是导致区域发展差距扩大的重要原因，政府干预在缩小区域发展差距方面并不理想，这可能是因为政府干预对市场经济起到了扭曲的作用，不合理的政府调控造成了区域发展的“隐性差距”。

关键词：市场化进程；政府干预；区域发展不平衡；面板门槛

一、引言

党的十九大指出，我国社会的主要矛盾已经转化为人民日益增长的美好生活需要和不平衡不充分的发展之间的矛盾。不平衡发展指的是我国在经济发展过程中出现的不平衡问题，集中表现在供需不平衡、区域不平衡、产业不平衡、城乡不平衡等方面。其中，区域发展不平衡尤其突出，更亟待解决。根据新古典增长模型，我们可以知道：经济发展存在“稳态”和“条件收敛”。但是，后来的发展事实和实践并没有证实这种“稳态”和“条件收敛”的存在。事实上是，在许多条件相同的区域之间出现了趋同现象，而在条件不同的区域之间反而出现了趋异现象。同样，改革开放以来，我国区域经济发展失衡状况仍然严重且区域差距呈现不断扩大的趋势。大量事实证明，市场化水平的高低和市场化进程的快慢是区域经济发展失衡的重要原因（陆云航，2005；李双菊，2006；孙海刚，2007）。并且有学者进一步通过夏普利值分解法得到市场化对区域发展差距的平均贡献度为

项目基金：国家社科基金青年项目“政府作用效率视阈下最优政府规模的理论重构、模型估算与实现路径研究”（16CJY063）。

作者简介：郑尚植（1983—），男，江西上饶人，东北财经大学马克思主义学院副教授，经济学博士。

13.18%（孙晓华等，2015）。

相较于市场化对于区域发展差距的扩大作用，政府则一直致力于制定区域政策以图缩小区域差距。市场并不能在短期内自动缩小区域差距，有必要引入适度的政府干预，纠正在区域协调发展问题上的市场失灵（蔡昉等，2001；杨敏，2005；安虎森等，2012；汤梦玲等，2016；王珺，2017）。尽管市场存在某种自发的区域均衡机制，但这只是一个长期趋势；而且，报酬递增、迁移成本、制度性障碍等因素都会对这种均衡机制产生抑制作用（罗浩，2006）。所以，缩小区域差距需要区域政策的支持，要制定更加具有差异化、更加具有协调性和融合性、更加深化和具体的区域政策（孙久文和夏文清，2011）。因此，基于比较优势的区域发展战略和区域发展模式，要缩小区域经济差距，政府不仅要在宏观上有所作为，而且要在微观上有所作为（谢安世，2017）。

综上所述，已有文献要么是单独研究了市场化进程对于区域差距变化的影响，要么是单独考虑了政府干预对于区域差距变化的影响。本文在同时考虑市场化进程和政府干预的交互作用的前提下，实证检验区域发展差距究竟是扩大了还是缩小了，并研究揭示其内在运行机制。首先，运用面板 VAR 模型动态分析市场化进程、政府干预和区域发展差距变化三者之间的相互影响。其次，运用面板门槛模型进一步更加详细、具体地研究在三者相互作用、相互影响的前提下，区域差距的趋同、趋异变化；最后，为缩小区域发展差距提供有效的理论依据和政策建议。

二、区域经济发展的现实考察与收敛机制

（一）区域发展差距测算

衡量区域发展差距的指标有很多，包括基尼系数、GE 系数、变异系数、人均 GDP 等，而且大都选取人均 GDP 进行计算（陆云航，2005；孙海刚，2007；胡鞍钢，2010；孙晓华等，2015；程锐，2016）。本文没有采用以往文献所使用的人均 GDP，而是选用了地区发展与民生指数。其原因是：一方面，我们所要衡量的区域发展绝不仅仅是一个经济指标就能完全代表的，而是需要一个更能全面体现经济社会全面发展的指标；另一方面，人均 GDP 仅仅代表了经济增长水平，并不能代表区域整体发展水平（鲜祖德，2011）。而且我们党历来重视发展问题，相继提出了“五位一体”的总布局和“五大发展理念”。因此，我们选取地区发展与民生指数，该指数将在下文进行具体介绍。同时以人口为权重，得到了加权变异系数，以此作为衡量我国区域发展差距的指标。其计算公式如下：

$$CV = \frac{1}{u}\sqrt{\sum (y_i - u)^2 p_i} \tag{1}$$ ①

本文使用 1999—2014 年的省级面板数据进行研究。为了更加清楚明了地描述

① y_i 表示第 i 地区的发展与民生指数；u 表示全国 31 个省（市、区）发展与民生指数的平均值；p_i 为第 i 地区人口占全国人口的比重，即权重。

区域发展差距的情况，我们将31个省（市、区）按区域依次分为东部、中部、西部和东北部①，并计算了四大区域发展与民生指数加权变异系数的均值，形成图1。

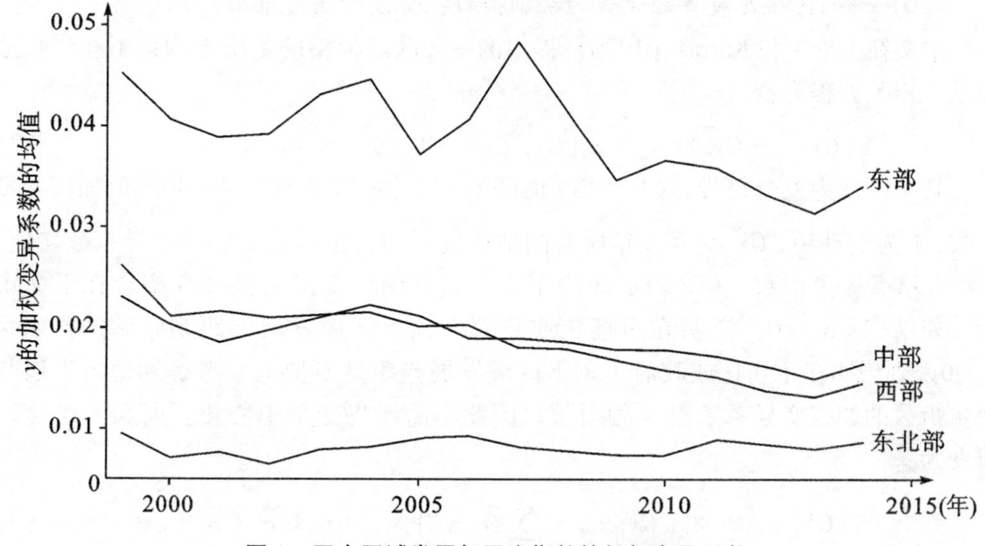

图1 四大区域发展与民生指数的加权变异系数

由图1可知，①分区域来看，东部地区发展差距最大，东北部地区发展差距最小；②中部和西部地区发展差距比较接近且居中；③从时间层面来看，东部、中部、西部地区发展差距随时间逐渐缩小，东北地区发展差距则基本保持稳定；④从整体来看，我国是存在区域发展差距的。

（二）区域发展差距：是趋异还是趋同？

改革开放前，我国区域发展差距并不显著，学者们对这一点的看法较为一致。而改革开放以来，虽然我国经济取得了显著成就，但区域发展不平衡问题始终存在。对于改革开放后区域发展差距变化的观点则主要有趋异和趋同两种说法。有的学者认为中国的区域发展差距正在逐渐变大（Kai，1991；魏后凯，1996；林毅夫和李周，1998；章奇，2001；贾俊雪和郭旺，2007；金相郁和武鹏，2010）；有的学者则认为中国的区域发展差距经历了先缩小后扩大的过程，并且还预测了区域发展差距扩大的速度（马拴友和于红霞，2003；许召元和李善同，2006；陈长石和刘晨晖，2015）。然而，另一部分学者则认为中国虽然存在区域发展差距，但同时也存在趋同（沈坤荣和马俊，2002；Bhalla，A. 等，2003；徐现祥和李郇，2004；彭国华2005；许召元和李善同，2006；潘文卿，2010）。

综上所述，关于中国区域发展差距究竟是趋同还是趋异并未达成一致的意见。一方面是分析的经济指标、样本时期、样本长度、数据来源、建模方法等不同。

① 东部地区包括北京、天津、河北、上海、江苏、浙江、福建、山东、广东和海南10省（市）；中部地区包括山西、安徽、江西、河南、湖北和湖南6省；西部地区包括内蒙古、广西、重庆、四川、贵州、云南、西藏、陕西、甘肃、青海、宁夏和新疆12省（市、区）；东北部地区包括辽宁、吉林和黑龙江3省。

另一方面是因为存在制约趋同或趋异的因素：区域间专业化分工是否合理；市场发育完善程度；基础设施条件和制度条件（汪剑平和程启智，2009）。

（三）影响区域发展差距收敛的机制检验：是政府还是市场？

本文在 Evans 和 Karras（1996）提出的一般收敛模型的基础上构建了经济收敛模型，相关方程为：

$$\triangle(CV_{i,t}-\overline{CV_t})=c_i+\alpha_i(CV_{i,t-1}-\overline{CV_{t-1}})+\gamma_i Mar_{it}/Gov_{it}+\varepsilon_{it} \tag{2}$$

其中，△为差分符号，CV 为第 i 地区第 t 年的地区发展与民生指数的加权变异系数，ε 为扰动项，$\overline{CV_t}$ 为第 t 年所有的地区发展与民生指数的加权变异系数均值，Mar 表示市场化指数，Gov 表示政府干预度，这两个变量的具体介绍会在下文说明。如果$-1<\alpha_i<0$，说明在市场化或政府干预下区域发展差距是收敛的；如果$\alpha_i=0$，则说明在市场化或政府干预下区域发展差距是发散的。考虑到地区发展与民生指数的加权变异系数已是相对值，因此不需要将变量中心化。那么，式（2）可变为：

$$\triangle CV_{i,t}=c_i+\alpha_i CV_{i,t-1}+\sum_{j=1}^{p}\beta_{ij}\triangle CV_{i,t-j}+\gamma_i Mar/Gov+\varepsilon_{it} \tag{3}$$

如果市场化水平或政府干预对区域发展差距具有收敛作用，则对式（3）两边取极限，可以得到 $\lim\limits_{t\to\infty}CV_{i,t}=-c/\alpha$。相应地，$\lim\limits_{t\to\infty}CV_t/CV_0=\alpha$，其中，$CV_t$ 和 CV_0 分别表示第 t 期和研究初期的区域发展差距水平。如果 $\alpha>1$，说明市场化水平或政府干预对于区域发展差距是在扩大的趋势下收敛的；如果 $\alpha<1$，说明市场化水平或政府干预对于区域发展差距是在缩小的趋势下收敛的。

本文运用动态面板模型对我国 31 个省（市、区）1999—2014 年的各地区发展与民生指数的加权变异系数进行分析。为了使分析更加全面，首先，本文分别用市场化指数和政府干预度进行 GMM 分析；然后，又分别运用差分 GMM 一步估计和差分 GMM 两步估计进行动态面板分析。同时，本文综合运用 AIC 和 BIC 信息准则来选择因变量的滞后阶数并使用了稳健标准差，相关估计结果见表 1。

表 1 市场化进程和政府干预收敛机制的实证检验

	市场化指数		政府干预度	
	差分 GMM 一步估计	差分 GMM 两步估计	差分 GMM 一步估计	差分 GMM 两步估计
常数项	0.005 30 (1.42)	0.005 25*** (10.33)	0.026 3*** (6.36)	0.024 5*** (22.71)
二阶滞后项系数	0.324*** (5.60)	0.324*** (72.99)	0.207*** (3.44)	0.207*** (55.76)
二阶滞后项系数	0.000 797 (0.01)	−0.003 01 (−0.91)	−0.059 8 (−1.01)	−0.059 1*** (−19.34)

表1(续)

	市场化指数		政府干预度	
	差分 GMM 一步估计	差分 GMM 两步估计	差分 GMM 一步估计	差分 GMM 两步估计
三阶滞后项系数	0.283*** (4.98)	0.283*** (47.88)	0.207*** (3.67)	0.205*** (75.28)
市场化指数系数	0.000 458 (0.94)	0.000 420*** (9.06)	—	—
政府干预度系数	—	—	-0.057 0*** (-4.99)	-0.054 6*** (-22.33)
Sargan 检验	267.703 5 (0.000 0)	27.939 29 (1.000 0)	264.554 9 (0.000 0)	27.556 71 (1.000 0)

注：系数项括号中为 t（z）值；***、**、*分别表示在 0.01、0.05、0.1 的显著性水平下显著；下同。

从表 1 可以看出，首先，就工具变量的有效性而言，通过 Sargar 检验①结果得知，差分 GMM 两步估计的工具变量更有效。其次，通过残差序列相关性②的差分 GMM 两步估计结果得知：一阶序列相关，二阶序列不相关。最后，我们发现市场化指数系数均为正，政府干预度系数均为负。因此，在单一考虑市场化或者政府干预的时候，我们得到结论：在市场化进程加快的过程中，我国区域发展差距是逐渐扩大的；在政府干预的情况下，我国区域发展差距具有收敛性。

三、模型构建、变量选取与数据来源

（一）模型构建

现实中，市场化进程的加快与政府干预是同时存在的，我们不能也不应该割裂两者而单独考虑其对区域发展差距的影响（杨蔚，2008；胡鞍钢，2010；谢里等，2012；李后建，2013；程锐，2016）。那么，在同时考虑市场化和政府干预的情况下，区域发展差距究竟是扩大还是缩小了？为了进一步探究市场化进程、政府干预对区域发展差距的影响，本文借鉴 Hansen（2000）发展的面板门槛模型。下面，我们重点介绍单一门槛的设定，进而扩展到多门槛模型。对于面板数据 $\{y_{it},\ x_{it},\ q_{it}:\ 1\leqslant i\leqslant n,\ 1\leqslant t\leqslant T\}$，其中，$i$ 表示个体，t 表示时间。单一门槛面板模型的一般形式为：

$$y_{it}=u_i+\beta_1 x_{it}I(q_{it}\leqslant\gamma)+\beta 2x_{it}I(q_{it}>\gamma)+\varepsilon_{it} \tag{4}$$

① Sargan 检验是关于工具变量有效性的检验，其原假设是工具变量均有效，相应括号内为 p 值。

② AR（1）检验、AR（2）检验分别表示残差的一阶序列相关性检验和二阶序列相关性检验，要求扰动项一阶差分存在自相关，二阶差分和高阶差分不存在自相关，括号内为相应 p 值。

对于多门槛值的分析与前文类似。以双重门槛模型为例，相应模型设定为：

$$y_{it} = u_i + \beta_1 ' x_{it} I(q_{it} \leqslant \gamma_1) + \beta_2 ' x_{it} I(\gamma_1 < q_{it} \leqslant \gamma_2) + \beta_3 ' x_{it} I(q_{it} > \gamma_2) + \varepsilon_{it} \quad (5)$$①

（二）变量选取

为了更清楚地描述变量，我们将核心变量和控制变量列在表 2 中。

表 2　核心变量与控制变量组

核心变量	地区发展与民生指数②（DLI）	代表一个地区的发展与民生改善情况
	市场化指数（MI③）	代表市场化水平
	政府干预度	采用财政支出占 GDP 的比重表示，政府干预度的大小代表了政府干预的强弱
控制变量组	人均资本存量	采用人均受教育年限④表示
	第三产业占 GDP 的比重	第三产业占 GDP 的比重反映了地区的经济结构
	对外开放	进出口总额占 GDP 的比重
	城市化水平	城市化率=地区城镇人口/地区总人口。城镇化率反映城镇化水平
	所有制结构	国有工业企业产值占工业总产值的比重（陆云航，2005；李双菊，2006）

① （5）式中，$\gamma_< \gamma_2$，双重门槛是在固定一门槛的情况下估计第二门槛值，估计过程与单一门槛相同。得到第二门槛值之后就可以估计此时的残差平方和 $SSR(\gamma_1, \gamma_2)$，然后使第二门槛估计值最小，即 $\hat{\gamma} = \arg\min SSR(\gamma_1, \gamma_2)$。在此基础上与单一门槛估计类似，可以估计第二门槛值的置信区间。

② 地区发展与民生指数评价指标体系包括经济发展、民生改善、社会发展、生态建设、科技创新和公众评价六大方面，共 42 项指标。到目前为止，GDP 是衡量经济增长很好的一个指标，但 GDP 确实有其局限性，不能准确地反映经济增长的质量。因为它反映的是在一定时期内，新增加的最终产品和服务，对过去的财富没有反映；不能完全反映经济增长的社会成本，如自然资源的利用以及对环境的破坏和污染；不能完全反映一个地区或者是一个国家的社会福利水平，如收入差距等问题。GDP 是按照一定权重体现在地区发展与民生指数的指标体系中，而地区发展与民生指数是从各个方面来综合评价一个地区的发展与民生改善情况。

③ 对于市场化指数的构建，笔者采用 2010 年出版的由樊纲、王小鲁、朱恒鹏编写的《中国市场化指数》和 2017 年出版的由王小鲁、樊纲、余静文编写的《中国分省份市场化指数报告》来衡量我国 31 个省份 1999—2014 年的市场化程度。市场化指数具体包括五个维度，即政府与市场的关系、非国有经济的发展、产品市场的发育程度、要素市场的发育程度、市场中介组织发育和法律制度环境。每个方面的指数由若干分项指数组成，有些分项指数下面还设有二级分项指数。市场化指数体系由 18 项基础指数构成。为了保持市场化指数的客观性，基础指数的计算全部基于权威机构的统计数据或企业调查数据，不采用由少数专家根据主观评价打分的方法。樊纲等采用客观指标衡量各省（市、区）市场化改革的深度和广度，基本概括了市场化的各个主要方面。

④ 人均受教育年限，即平均受教育年限=（小学学历人口数×6+初中人口数×9+高中学历×12+大专以上×16）÷6 岁以上人口数（程锐，2016）。

（三）数据来源与描述性统计

本文实证检验的对象是1999—2014年中国31个省（市、区）的面板数据，除应用了樊纲等的市场化指数（MI）和中国统计学会发布的中国地区发展与民生指数（DLI）之外，其他数据均来源于《中国统计年鉴》和各省统计年鉴。表3是各变量描述性统计。

表3 各变量描述性统计

变量	符号	均值	标准差	最小值	中位数	最大值
发展与民生指数	y	0.510 8	0.134 2	0.240 0	0.500 0	0.950 0
市场化指数	mar	5.725 2	2.047 1	-0.300 0	5.660 0	11.710 0
政府干预度	gov	0.203 5	0.159 2	0.063 0	0.162 5	1.291 4
人均资本存量	hcap	8.111 6	1.261 4	2.947 9	8.183 3	12.028 4
第三产业比重	ter	0.392 8	0.077 6	0.185 3	0.381 0	0.779 5
对外开放度	open	0.324 0	0.409 0	0.036 6	0.129 4	1.784 1
城市化水平	urb	0.466 5	0.155 5	0.180 4	0.447 8	0.896 0
所有制结构	soe	0.215 5	0.171 3	0.004 9	0.150 6	0.696 8

四、实证结果分析

（一）市场化扩大地区经济发展差距的机制讨论

市场化对地区经济发展差距的影响受政府干预的影响，因此我们利用我国31个省（市、区）1999—2014年的面板数据，将市场化指数和政府干预度分别设为解释变量和门槛变量，然后通过门槛效应检验确定模型存在双重门槛。具体情况见表7。

表7 门槛效果检验和门槛值估计结果

	门槛效果检验		门槛值估计结果
	F值	P值	门槛估计值
单一门槛检验	57.97***	0.000 0	门槛值（0.190 8）
双重门槛检验	40.38***	0.006 0	门槛值（0.114 7）
三重门槛检验	15.81	0.854 0	无门槛值

注：P值和临界值均是采用"自抽样法"（Bootstrap）反复抽样500次得到的结果。

根据门槛值0.190 8和门槛值0.114 7，将政府干预度划分为三个区间：（0，0.190 8）（0.190 8，0.114 7）和（0.114 7，1.5）。每个区间对应的市场化指数的系数分别为mar1、mar2和mar3。进而对门槛回归模型加以估计，得到如表8所示的拟合结果。

表 8　　门槛回归结果

变量	估计系数	标准差	t 值	P 值	[95%的置信区间]	
mar1	−0. 007 407 6	0. 001 879	−3. 94	0. 000	−0. 011 100 3	−0. 003 715
mar2	−0. 001 942 1	0. 001 753	−1. 11	0. 269	−0. 005 388 3	0. 001 504 1
mar3	0. 005 853 8	0. 001 993	2. 94	0. 003	0. 001 937 3	0. 009 770 3
常数项	−0. 319 293 3	0. 034 942	−9. 14	0. 000	−0. 387 961 3	−0. 250 625 2

由此我们可以发现，市场化进程影响区域经济发展差距的门槛效应十分明显：当政府干预度低于 0. 190 8 时，市场化指数对地区发展与民生指数体现出较强的负效应，市场化指数每上升 1 个单位，地区发展与民生指数降低 0. 7 个单位；当政府干预度高于 0. 190 8 低于 0. 114 7 时，系数由−0. 007 407 6 变为−0. 001 942 1，表明市场化指数对地区发展与民生指数的负效应减弱。当政府干预度高于 0. 114 7 时，市场化指数的系数由负变正，说明市场化指数对地区发展与民生指数的效应由负效应转变为正效应。此时，市场化指数的提升会带动地区发展与民生指数的提高。

综上所述，在政府干预度较低的情况下，市场化进程的加快和市场化水平的提高会起到缩小区域差距的作用；在政府干预度逐渐加强的情况下，市场化进程的加快和市场化水平的提高对区域发展差距的缩小作用会有所减小，甚至在政府干预达到一定强度后，市场化进程的加快和市场化水平的提高不仅没有缩小反而扩大了区域发展差距。

（二）政府干预缩小地区经济发展差距的机制讨论

同样的方法，利用我国 31 个省（市、区）1999—2014 年的面板数据，将政府干预度和市场化指数分别设置为解释变量和门槛变量，通过门槛效应检验确定模型存在单一门槛。具体情况见表 9。

表 9　　门槛效果检验和门槛值回归结果

	门槛效果检验		门槛值估计结果
	F 值	P 值	门槛估计值
单一门槛检验	33. 66***	0. 008 0	门槛值（5. 470 0）
双重门槛检验	9. 08	0. 540 0	无门槛值
三重门槛检验	6. 67	0. 670 0	无门槛值

根据门槛值 5. 470 0，将市场化指数划分为两个区间：（−1，5. 470 0）和（5. 470 0，12）。每个区间对应的政府干预度的系数分别为 gov1 和 gov2。进而对门槛回归模型加以估计，回归结果见表 10。

表 10 门槛回归结果

变量	估计系数	标准差	t 值	P 值	[95%的置信区间]	
gov1	0. 204 080 2	0. 030 314 5	6. 73	0. 000	0. 144 507 4	0. 263 652 9
gov2	0. 361 228	0. 043 612 3	8. 28	0. 000	0. 275 523	0. 446 933
常数项	-0. 391 926 5	0. 033 875 7	-11. 57	0. 000	-0. 458 497 6	-0. 325 355 4

由此我们可以看出，政府干预影响区域发展差距的门槛效应十分明显：当市场化指数低于 5. 470 0 时，政府干预度对地区发展与民生指数体现出正效应，政府干预度每增加 1 个单位可使地区发展与民生指数上升 20. 408 2%；当市场化指数高于 5. 470 0 时，政府干预度对地区发展与民生指数体现出的正效应有所增强，政府干预度每增加 1 个单位可使地区发展与民生指数上升 36. 128 8%。

随着市场化的不断发展，迈过市场化效应门槛的省份呈递增趋势：1999 年，市场化指数超过 5. 470 0 的省份只有北京和上海，而到了 2014 年，市场化指数超过 5. 470 0 的省份大幅增加到 27 个，而低于门槛值 5. 470 0 的省份只剩下西藏自治区、甘肃省、青海省、新疆维吾尔自治区。

综上所述，无论是在市场化水平较高的地区还是在市场化水平较低的地区，政府干预都会扩大区域发展差距。而且，在市场化水平较高的地区，政府干预对扩大区域发展差距的这一作用则更强。并且随着市场化进程的不断加深，越来越多的地区会受到这一效应的影响。从这个角度看，政府干预扩大了地区之间的发展差距，不利于收敛，并且随着市场化水平提高，区域发展差距越大，越不利于区域收敛。之所以产生这样事与愿违的结果，可能是因为不合理的政府调控造成了区域发展的“隐性差距”。而且，无论是中央政府还是地方政府，对经济进行干预都可能产生不利于协调发展的因素。对于中央政府而言，阶段性的政策安排可能会导致不同区域出现发展失衡；对于地方政府而言，区域间的协调发展对于自身的利益会产生一定的影响，从而导致封闭发展状态、竞争行为异化、角色定位错位和在微观层面进行直接干预等问题（钟昌标，2016）。

五、主要结论与政策建议

市场化制度，在推动中国经济快速稳定发展的同时，造成了各地区市场化进程步调不一，进而使市场化水平参差不齐，在促进较发达地区以更快的速度发展和促进欠发达地区以相对较慢的速度发展的同时，放大了地区间经济发展的不平衡，扩大了区域发展差距。政府干预有各种形式的财政和货币政策比如政府转移支付等措施，旨在促进欠发达地区的发展，致力于缩小区域发展差距。本文以中国 31 个省（市、区）的面板数据为基础，首先，运用动态面板通过对收敛机制的探讨，在考虑单一维度的情况下，得出市场化水平确实起到了扩大区域差距的作用，而政府干预确实起到了缩小区域发展差距的作用的结论；其次，为了考虑多因素相互作用、相互影响的情况下，得出区域差距、市场化水平与政府干预彼此之间的因果联系。我们基于对门槛模型的讨论研究，得出如下结论：①在政府干预度较低的情况下，市场化进程的加快和市场化水平的提高会起到缩小区域差距的作用；在政府干预度逐渐加强的情况下，市场化进程的加快和市场化水平的提高对区域发展差距的缩小作用会有所减小；甚至在政府干预达到一定强度后，市场化进程的加快和市场化水平的提高不仅不会起到缩小区域差距的作用，而且会起到扩大区域差距的作用。②无论是在市场化水平较高的地区还是在市场化水平较低的地区，实证检验结果显示，政府干预都只起到了扩大区域发展差距的作用。这可能是因为不合理的政府调控造成了区域发展的“隐性差距”。③市场化水平的不同是导致区域发展差距扩大的重要原因，政府干预在缩小区域发展差距方面的作用也很小，甚至政府干预对市场经济还起到了扭曲的作用。

根据以上结论，我们提出以下政策建议：①明确政府职能，进行适度有效的政府干预。总体保持较低的政府干预，针对不同区域实行差别化的区域政策，尤其是要与区域的市场化进程相适应，努力促进区域协调发展。②完善市场机制，加快市场化进程的发展。随着市场化进程的加快，当市场化水平充分提高时，极大地促进了要素的流动，当不同区域之间的要素流动可以以很小的成本甚至不需要成本并以极高速度自由流动时，甚至可以预测，区域发展之间的差距缩小是必然的，并且可以预见这只是时间问题。③正确处理政府与市场的关系，促进“有效”市场与“有为”政府的耦合，使双方形成正向互动的关系。努力发挥市场的有效性，在充分发挥市场在资源配置中的决定性作用的同时，努力实现政府“有所为”和“有所不为”，在充分发挥政府弥补市场不足的作用的同时使市场机制可以起到校正政府干预相对失灵的作用。因此，有效市场加有为政府才能在促进中国经济以及各方面发展的同时起到缩小区域发展差距的作用。

参考文献：

[1] 安虎森，何文. 区域差距内生机制与区域协调发展总体思路 [J]. 探索与争鸣，2012 (7)：47-50.

[2] 安世界. 中国区域发展差距的理论根源与对策思路 [J]. 经济纵横，2017 (3)：141-148.

[3] 蔡昉，都阳. 区域差距、趋同与西部开发 [J]. 中国工业经济，2001 (2)：48-54.

[4] 陈长石，刘晨晖. 基于中心-外围模型的区域发展不平衡测算及其空间分解 [J]. 经济管理，2015 (2)：31-40.

[5] 程锐. 市场化进程、企业家精神与地区经济发展差距 [J]. 经济学家，2016 (8)：19-27.

[6] 金相郁，武鹏. 中国区域经济发展差距的趋势及其特征——基于 GDP 修正后的数据 [J]. 南开经济研究，2010 (1)：79-96.

[7] 贾俊雪，郭庆旺. 中国区域经济趋同与差异分析 [J]. 中国人民大学学报，2007

(5): 61-68.

[8] 林毅夫, 李周. 中国经济转型时期的地区差距分析 [J]. 经济研究, 1998 (6): 3-10.

[9] 陆云航. 市场化与中国地区差距 [J]. 财经问题研究, 2005 (11): 31-37.

[10] 罗浩. 试论政府干预区域经济差距的缘由 [J]. 经济地理, 2006 (5): 416-417.

[11] 李双菊. 改革、市场化与中国地区差距的实证研究 [J]. 国民经济管理, 2006 (4): 24-30.

[12] 马拴友, 于红霞. 转移支付与地区经济收敛 [J]. 经济研究, 2003 (3): 26-33.

[13] 彭国华. 中国地区收入差距、全要素生产率及其收敛分析 [J]. 经济研究, 2005 (9): 19-29.

[14] 潘文卿. 中国区域经济差异与收敛 [J]. 中国社会科学, 2010 (1): 72-84.

[15] 孙晓华, 李明珊. 王昀. 市场化进程与地区经济发展差距 [J]. 数量经济技术经济研究, 2015 (6): 39-55.

[16] 孙海刚. 市场化进程中的中国地区经济差距成因研究 [J]. 财经研究, 2007 (9): 101-111.

[17] 沈坤荣, 马俊. 中国经济增长的"俱乐部收敛"特征及其成因研究 [J]. 经济研究, 2003 (1): 33-39.

[18] 孙久文, 夏文清. 区域差距与亟待解决的问题 [J]. 改革, 2011 (6): 48-53.

[19] 汤梦玲, 李仙. 世界区域经济协同发展经验及其对中国的启示 [J]. 中国软科学, 2016 (10): 90-97.

[20] 魏后凯. 中国地区间居民收入差异及其分解 [J]. 经济研究, 1996 (11): 66-73.

[21] 王珺. 区域差距再评估与缩小路径 [J]. 学术研究, 2017 (11): 79-87.

[22] 汪剑平. 程启智. 区域经济发展中的趋同和趋异及其制约因素 [J]. 求索, 2009 (10): 38-39.

[23] 许召元, 李善同. 近年来中国地区差距的变化趋势 [J]. 经济研究, 2006 (7): 106-116.

[24] 徐现祥, 李郇. 中国城市经济增长的趋同分析 [J]. 经济研究, 2004 (5): 40-48.

[25] 谢安世. 中国区域发展差距的理论根源与对策思路 [J]. 经济纵横, 2017 (3): 141-148.

[26] 谢里, 谌莹, 邝湘敏. 产业集聚拉大了地区收入差距吗? [J]. 经济地理, 2012 (2): 21-26.

[27] 杨敏. 区域差距与区域协调发展 [J]. 中国人民大学学报, 2005 (2): 26-32.

[28] 钟昌标. 区域协调发展中政府与市场的作用研究 [M]. 北京: 北京大学出版社, 2016: 36-77.

[29] 张自然. 区域差距、收敛与增长动力 [J]. 金融评论, 2017 (1): 94-126.

[30] 张志超, 吴晓忠, 陈晓声. 区域差异、逆向财政机制与城乡收入差距 [J]. 国民经济管理, 2014 (8): 1-10.

[31] 章奇. 中国地区经济发展差距分析 [J]. 管理世界, 2001 (1): 105-110.

[32] BHALLA A, YAO S J, ZHANG Z Y. Regional Economic Performance in China [J]. The Economics of Transition, 2003: 11 (1): 25-39.

[33] EVANS P, KARRAS G. Convergence [J]. Journal of Monetary Economics, 1996, 37 (2): 249-265.

[34] KAI Y. China's Regional Inequality, 1952—1985 [J] . Journal of Comparative Economic, 1991 (15): 1-21.

基于行业与企业二维视角的四川省“营改增”税负效应分析

郝晓薇　路钰琪

内容提要： 根据税法原理，“营改增”行业税负与企业税负联系密切又截然不同，营业税税负与增值税税负在经济意义上也存在本质差别。经实际测算发现，四川省建筑业“营改增”行业税负提高，企业税负降低；软件和信息技术服务业“营改增”行业税负降低，企业税负降低。“营改增”行业税负效应变化趋势由税率、进项税抵扣力度的复合作用决定；“营改增”税负效应变化趋势由法定增值率、税率、进项税抵扣力度的复合作用决定。

关键词： “营改增”税负；行业税负；企业税负；四川省

“营改增”作为我国最大的减税举措，自 2012 年 1 月 1 日在上海试点开始，至今已经走过了 7 年的改革历程；自 2016 年 5 月 1 日改革全面推开，到现在也已超过两年。实践证明，“营改增”整体减税效应突出，学界也对此从不同角度进行了充分的研究和讨论。从既有研究来看，“营改增”总体上有利于降低企业的税收负担，但同时也存在部分试点企业税负“不降反增”、分行业测算和分企业测算税负减税效应结论不一的情况。需要特别注意的是，从税法原理上来看，行业税负与企业税负是两个既密切联系又截然不同的指标。基于上述实践与原理的差异，从行业与企业二维视角对于“营改增”税负效应进行分析，不仅具有促进企业正确认识税负变化的现实意义，而且具有税制优化的学术价值。考虑到工作量和篇幅限制，本文以四川省相关数据作为研究样本，对“营改增”行业税负变化和企业税负变化进行测算。

项目基金： 本文为第一作者主持的国家社科基金“基于国内产品内分工度的‘营改增’税负效应研究”（16XJY018）及四川省“十二五”社科规划课题“四川省‘营改增’试点行业及企业税负变化测度与建议”（SC15B086）的阶段性成果。

作者简介： 郝晓薇，西南财经大学财政税务学院副教授，硕士生导师；路钰琪，中睿资产管理有限公司。

一、基于税理的“营改增”税负测算规范分析

（一）行业税负和企业税负的区别与联系

税负即税收负担，其经济实质是因政府课税而相应减少了纳税人的实际可支配收入的数量或份额，从而对其造成的经济利益损失或使其承受的经济负担。量化而言，税负在绝对额上指的是各相关税种纳税额，税负在相对额上指的是相关税种纳税额除以税基或其他相关数据的比值。为计算方便，本研究整体税负率变化使用相对指标，分税种税负率变化使用绝对指标。

行业一般是指从事国民经济中同性质的生产或其他经济社会的经营单位或者个体的组织结构体系（如农业、建筑业、金融业）[①]。而行业税负是指国民经济意义下的某个行业承担的税收负担，是站在宏观角度进行的测算。企业税负是指某个具体的微观企业承担的税收负担。两者虽然都是衡量税收给纳税人造成的经济利益损失或者承受的经济负担，但考量对象和角度并不相同。

从税法原理来看，增值税行业税负的税基是行业增加值，整个行业的增加值是不同的企业在上下游生产链条上各自创造的增加值之和，从这一点来说行业税负与企业税负密切相关。但是，具体企业处在不同行业的不同的上下游节点上，其所创造的增加值只是行业增加值的一部分，无法由单个企业的税负增加或降低，推导出整体行业税负增加或降低的结论，因为有可能其他企业税负有反向变动。反过来，行业税负增减也不能证明其行业内每个企业税负都会同方向变动。因此，行业税负与企业税负不可等同。总之，相对于行业税负而言，企业税负影响因素更加具体和个性化，既不能以单个企业税负为例证明行业税负，也不能以行业税负变化推论企业税负同向变化。

（二）增值税税负和营业税税负的联系与区别

基于税法原理，增值税与营业税两个税种的应纳税额均为税基乘以税率。增值税税负与营业税税负的量化指标，也都是各自税额除以相应税基数据或其他相关数据的比值。因此，从形式上来看两者具有相同点。

但是，增值税的税基为增值额（即当期收入减去购进的差额），营业税的税基为营业额（即当期收入额）；尤其是增值税为价外税、营业税为价内税的区别，导致两者具有根本差别。从行业税负角度看，在普遍分工的背景下，增值税行业税负不存在重复征税，营业税行业税负则存在重复征税；从企业税负角度看，营业

---

① 按照国民经济行业分类与代码（GB/4754—2011），行业分为：A. 农、林、牧、渔业；B. 采矿业；C. 制造业；D. 电力、热力、燃气及水生产和供应业；E. 建筑业；F. 批发和零售业；G. 交通运输、仓储和邮政业；H. 住宿和餐饮业；I. 信息传输、软件和信息技术服务业；J. 金融业；K. 房地产业；L. 租赁和商务服务业；M. 科学研究和技术服务业；N. 水利、环境和公共设施管理业；O. 居民服务、修理和其他服务业；P. 教育；Q. 卫生和社会工作；R. 文化、体育和娱乐业；S. 公共管理、社会保障和社会组织；T. 国际组织。

税作为价内税，构成企业经济意义上的税收负担，而增值税作为价外税，在环环抵扣的“扣税法”征管制度下全部转嫁给购买方，完全不构成企业经济意义上的税收负担（除非存在无法抵扣的进项税额）。

结合增值税计算原理的细节来看（不考虑小规模纳税人及简易计税方法），其计算公式为：“应纳税额=当期销项税额-当期进项税额”，销项税额是指增值税纳税人销售货物和应交税劳务，按照销售额和适用税率计算并向购买方收取的增值税税额，即销项税额=（不含税）销售额×适用税率；进项税额是指纳税人购进货物、加工修理修配劳务、服务、无形资产或者不动产，支付或者负担的增值税额，一般纳税人只要在规定的时限内对取得的进项税额发票进行认证，无论该发票上所列的货物是否投入生产或销售，经过认证的发票税额都可以进行进项税额的抵扣。换言之，企业在购入生产资料时除了支付相应的价款外还要支付相应的进项税额，企业将购进的生产资料再度进行加工、包装成产成品，产成品再次实现销售时，会向购买者除了收取货价的同时还要收取相应的销项税额。企业在计算当期应缴纳的增值税税额时，以向购买方收取的相应的销项税额减去之前购进生产资料时支付的进项税额，其差额交给税务机关。此时实际上就收回了之前购进生产资料时支付的进项税额。因此，只要企业取得的进项税发票能够全部认证抵扣，那么任何经营者一旦实现销售，增值税就和其没有关系了。企业购进生产资料时支付的进项税额，类似于垫付的性质。只要企业将生产资料经过加工后的产成品销售出去，之前垫付的进项税额就会收回。从这个角度来看，增值税法律意义上的纳税人其实是经济意义上的代收代缴义务人。

当然，由于增值税制度的相对稳定性，不同行业不同企业在既定的生产技术效率下，其名义上的企业增值税税负应具有规律性，因此对企业增值税名义税负进行测算，也有利于提高增值税征管效率。同时，在市场价不变的情况下，税制转换的确会给企业带来流转税税负的直接影响，因此从长远来看，尽管企业增值税税负只是一个名义税负，但本研究仍旧要对其进行测算分析。

二、“营改增”行业税负与企业税负测算思路设计

（一）“营改增”前后行业税负测算思路

从宏观视角看，“营改增”前后流转税税负变化即改革前的营业税行业税负与改革后的增值税行业税负进行对比。为使二者具有可比性，对同样的税基分别进行增值税和营业税应纳税额计算，同时根据税法原理设定了明确的前提假设（计算思路详见表1）。

表 1 “营改增”前后行业税负测算

指标	计算公式	前提假设
营业税 行业税负	某行业营业税应纳额 =该行业营业收入×营业税税率 某行业营业税税负率 =该行业营业税额÷该行业营业收入 =营业税税率	不存在税收优惠。
增值税 行业税负	某行业增值税应纳税额 =该行业增加值×增值税税率 某行业增值税税负率 =该行业增值税额÷该行业增加值	1. 均适用一般计税方法; 2. 所有进项税额均可抵扣; 3. 存货将全部销售; 4. 不存在税收优惠。

其中，根据营业税计算原理，行业营业税税基直接使用行业总收入，行业营业税税负率等于营业税税率。而增值税税基需要进行间接计算。根据生产法，国内生产总值可表示为劳动者报酬、生产税净额、固定资产折旧和营业盈余的总和，因此全国视角下增值税税基大致等同于国内生产总值①，则增值税行业税负的税基为全国（或分地区）分行业生产增加值。另外，我国出口产品实行零税率征税以及进口产品按规定缴纳增值税等。在确定增值税税基时应对既定的行业生产增加值进行相应调整，经调整后的增值税税基计算公式表达如下：

增值税税基(含税)=行业生产增加值-行业出口额+行业进口额-行业存货增加额

为下文讨论方便，上式用字母表示为：

增值税税基(含税)= $V-E+I-C$

式中：V 表示行业生产增加值；E 表示行业出口额；I 表示行业进口额；C 表示行业存货增加额。

由于增值税是价外税，因此要将上述调整值再除以（1+行业增值税税率）进行价税分离，之后乘以行业增值税税率得到应纳税税额。但是，某个行业增加值的产生源于多种中间投入，而中间投入位于各个行业而适用不同的增值税税率，因此无法直接按照税法原理来计算增值税税额。所以，有必要将最终的增加值来源——中间投入，按照适用不同的增值税税率将增加值进行分类加总，将各自的加总值与中间投入项总值进行相除最终得到各自的比例。将这些比例与经调整后的行业增加值，即增值税税基：（行业生产增加值-行业出口额+行业进口额-行业存货增加额）乘以增值税税率加总后即为增值税税额。在确定中间投入项分类比例时，由于本文测算行业税负和企业税负时具体测算以四川省地区为例，因此本文参考的是 2012 年四川省投入产出表。

综上，得出某行业在“营改增”后的行业增值税的计算公式如下：

增值税税额= $(V-E+I-C)\div(1+13\%)\times P_1\times 13\%+(V-E+I-C)\div(1+6\%)\times P_2\times 6\%+(V-E+I-C)\times P_3\times 11\%+(V-E+I-C)\times P_4\times 17\%$

① 由于税收也是 GDP 的组成部分，所以此处为含税金额。

式中：$(V-E+I-C)$ 为经调整后的行业生产增加值；

p_1 为适用13%税率的中间投入项占比；

p_2 为适用11%税率的中间投入项占比；

p_3 为适用6%税率的中间投入项占比；

p_4 为适用17%税率的中间投入项占比。

“营改增”前后行业流转税税负变化的计算公式为：增值税行业税负率-营业税行业税负率。如果该值为负，则说明“营改增”带来了减税效应；如果该值为正，则说明“营改增”带来了增税效应。

（二）“营改增”前后企业税负测算思路

虽然我国税收制度是复合税制，税种之间相互牵连，但限于研究主题，本文仅考察企业流转税税负，即“营改增”前的营业税税负和“营改增”后的增值税税负①。其计算思路如下：

假设1：企业营业收入为S，营业成本为C，可抵扣率为V，固定资产成本为F，营业税税率为 R_b，增值税税率为 R_v，城市维护建设税税率为 R_X，教育费附加率为 R_y，企业所得税税率为 R_i。

假设2：为了改革前后对比基础的一致性，可将S视为征收增值税时的含税收入。

假设3：流转税主要包括营业税、增值税和消费税。为了讨论方便，本文理论测算假设企业业务不涉及消费税，只考虑“营改增”前后营业税负和增值税负的对比。

“营改增”前企业流转税税负即营业税税负。由于营业税存在两档税率，企业业务如果只涉及一档税率，则营业税税负率可视为等于营业税税率；企业业务如果两档税率都涉及，则需要用总的营业税税额除以总的营业收入。其测算思路如下：

营业税税额 $= S \times R_b$

流转税税负率=营业税税额/营业收入

“营改增”后企业流转税税负即增值税税负，测算思路如下：

增值税税额 $= [S/(1+R_v) - (VC+F)/(1+R_v)] \times R_v$

流转税税负率=增值税税额/不含增值税营业收入

=增值税税额/ $[S/(1+R_v)]$

那么，“营改增”前后企业流转税税负变化的计算公式为：

流转税税负变化

=增值税税额/(不含税)营业收入 - 营业税额/营业收入

$= [S/(1+R_v) - (VC+F)/(1+R_v)] \times R_v/[S/(1+R_v)] - S \times R_b/S$

$= (R_v - R_b) - [(VC+F)/S] \times R_v$

---

① 由于营业税是价内税，企业营业税税负为经济意义上的真实税负；而增值税是价外税，企业增值税税负则是名义税负。

从上述公式可以看出,“营改增”后影响企业流转税税负的主要因素有以下三个:一是可抵扣成本占当期营业收入的比重(VC/S);二是当期可以抵扣的固定资产成本占当期营业收入的比重(F/S);三是营改增后实行的增值税税率(R_v)。

三、四川省“营改增”行业税负与企业税负测算

(一)样本及数据

纳入“营改增”试点范围的行业改征增值税后适用税率为11%或6%,本文以建筑行业(11%)、软件服务业(6%)为代表,探讨“营改增”前后行业税负、企业税负的变化情况。

在数据选取和处理时,行业税负计算调取了中经网财经数据库、国家统计局、税务年鉴等其中的相关数据。企业税负计算以2017年四川省相关行业上市公司为样本:建筑行业选取四川路桥、成都路桥以及高新发展三家上市A股公司。该三家公司实力雄厚,前两家主营业务收入中建筑业收入超过95%,第三家建筑业收入占主营业务收入的89.34%[①]。

软件服务行业选取川大智胜公司,其全称为四川川大智胜软件股份有限公司,位于四川省成都市,于2008年6月在深圳证券交易所上市,是经过四川省信息产业厅、四川省国家税务局、四川省地方税务局等认定的软件企业。

通过同花顺财经网以及巨潮资讯网提取了上述样本公司第一季度报告、年度报告等相关数据。

由于需要多向对比,且增值税行业税基须参考收入产出表进行间接计算,而收入产出表数据目前只有2012年数据,因此对四川省行业税负、企业税负测算仅以2012年的数据为依托。

(二)“营改增”前后行业税负测算

1. 行业营业税税负率

根据前文分析,样本行业营业税税负率直接采用名义税率。相关数据见表2。

表2 四川省“营改增”前样本行业营业税税负率[②] 单位:万元

样本行业	税基	税率(%)	税额	税负率(%)
建筑业	56 177 202.6	3	1 685 316.08	3
软件和信息技术服务业	17 674 954.56	5	4 510 147.45	5

① 数据由三家上市公司年度报告及年度报告摘要计算而得。

② 数据来源于中经网;不同于建筑行业在“营改增”前建筑业的主营业务都征收营业税,软件和信息技术服务行业根据《财政部、国家税务总局关于软件产品增值税政策的通知》的规定,一般纳税人销售软件产品要征收增值税,因此在“营改增”之前软件行业企业同时征收增值税和营业税,即销售软件产品业务由于一直征收增值税所以在“营改增”前后并不影响税负,只有软件业务收入由营业税改征为增值税才会带来税负变化。为了保持“营改增”前后税基统计范围的一致性,此处假设软件产品销售在“营改增”前征收营业税。

2. 行业增值税税负率

四川省“营改增”后样本行业增值税税负率见表3。

表3　四川省“营改增”后样本行业增值税税负率①　单位：万元

样本行业	税基	不同税率占比	税额	税负率
建筑业	17 827 500	6%：8.6% 11%；5.64% 13%；3.5% 17%；82.26%	2 389 005.15	4.25%
软件和信息技术服务业	17 674 954.56	6%：43.58% 11%：6.72% 13%：5.3% 17%：44.4%	4 510 147.45	3.85%

（三）“营改增”前后企业税负测算

1. 建筑企业“营改增”前后税负测算

（1）“营改增”前企业营业税税负。当期营业税税负的计算公式为：

当期营业税税负=当期实缴营业税税额÷当期营业收入

样本企业营业税税负见表4。

表4　样本企业营业税税负　单位：万元

年份	公司名称	营业税额	营业收入	营业税税负（%）
2012	四川路桥	82 366.90	2 641 516.33	3.12
2012	成都路桥	4 623.45	142 402.42	3.24
2012	高新发展	5 616.86	158 208.99	3.55

（2）“营改增”后企业增值税税负②。

如果企业改征增值税，营业收入要进行价税分离，即不含增值税营业收入=营业收入÷(1+11%)，并由此计算出增值税销项税额=不含增值税营业收入×11%，如表5所示。

---

① 数据来自中经网及2012年四川省投入产出表。

建筑业行业增值税=（建筑业增加值-出口+进口-存货增加）×8.6%÷（1+6%）×6%+（建筑业增加值-出口+进口-存货增加）×5.64%÷（1+11%）×11%+（建筑业增加值-出口+进口-存货增加）×3.5%÷（1+13%）×13%+（建筑业增加值-出口+进口-存货增加）×82.26%÷（1+17%）×17%

软件和信息技术服务行业增值税=（软件和信息技术服务业增加值-出口+进口-存货增加）×43.58%÷（1+6%）×6%+（软件和信息技术服务业增加值-出口+进口-存货增加）×6.72%÷（1+11%）×11%+（软件和信息技术服务业增加值-出口+进口-存货增加）×5.3%÷（1+13%）×13%+（软件和信息技术服务业增加值-出口+进口-存货增加）×44.4%÷（1+17%）×17%

② 数据来源：2012年四川路桥、成都路桥、高新发展公司年度报告。

表 5 样本企业增值税销项税额 单位：万元

企业名称	含税营业收入	不含税营业收入	增值税税率（%）	销项税额
四川路桥	2 745 563. 33	2 473 480. 48	11	272 082. 86
成都路桥	154 115	138 842. 34	11	15 272. 66
高新发展	187 228. 67	168 674. 48	11	18 554. 19

对于建筑企业的进项税额计算，本文在计算理论进项税额时只考虑外购原材料和外购固定资产的进项税额，其他进项因素暂不考虑，且假设建筑企业原材料及外购固定资产均能取得增值税发票。则理论计算的进项税额=外购原材料÷(1+17%)×17%+外购机械÷(1+17%)×17%。其中：机械成本可从三家上市公司年报固定资产情况披露本期新增加数中得到数据；材料成本，在成都路桥建筑业营业成本中，原材料成本占比为 59. 44%，在高新发展营业成本中，原材料成本占比为 64. 36%，原材料成本大致占营业成本的 60%左右。详见表 6。

表 6 样本企业增值税进项税额 单位：万元

企业名称	营业成本	外购材料成本	外购机械成本	理论进项税额
四川路桥	2 344 389. 92	1 406 633. 95	50 861. 35	211 772. 82
成都路桥	125 325. 18	74 493. 58	3 931. 67	11 395. 12
高新发展	154 611. 07	99 507. 68	1 062. 42	14 612. 75

由表 7 可知，根据增值税计算原理，“营改增”后增值税税负是小于“营改增”前营业税税负的。现实中存在企业增值税实际税负高于理论税负的情况，原因是进项税未能实现全部抵扣。

表 7 样本企业增值税税负 单位：万元

企业名称	销项税额	理论进项税额	增值税额	理论增值税税负
四川路桥	272 082. 86	211 772. 82	60 310. 04	2. 20 %
成都路桥	15 272. 66	11 395. 12	3 877. 54	2. 52 %
高新发展	18 554. 19	14 612. 75	3 941. 44	2. 12 %

2. 软件服务企业“营改增”前后税负测算——以川大智胜为例

“营改增”前，川大智胜流转税涉及的主要税种包括营业税（5%）、增值税（17%）、城市维护建设税（7%）、教育费附加（3%）、地方教育费附加（2）；“营改增”后，该公司营业税改为增值税，税率在 17%的基础上增加一档，其他不变。

川大智胜公司软件行业收入中包括软件销售收入和软件服务收入两大部分。由于公司销售其自行开发的软件产品，“营改增”前按 17%的税率征收增值税，并对实际税负超过 3%的部分即征即退，而为客户提供培训及维护服务等其他服务收入，按服务收入的5%交纳营业税。即营业收入中一部分征收增值税，另一部分征收营业税。因此，在计算企业营业税税负、增值税税负时，变量营业收入有必要按销售软件产品、提供软件服务分开。但是，从公司年度报告中能取得的数据中并没有将这两部分收入划分开。为了将这两部分收入进行区分，假设川大智胜公司营业收入的构成比例与当年四川省整个软件行业的构成比例一致。根据测算，四川省 2012 年软件行业统计出的销售软件产品收入占整个软件行业营业收入的25.52%，软件服务收入占整个软件行业营业收入的 74.48%①。

基于该企业具体微观数据，税负计算均反映包括税收优惠的真实情况，并进行时间纵向对比。其中，实缴流转税税额用教育费附加数额倒算得出。其计算结果见表 8。

表 8　川大智胜 2010—2015 年度流转税税负　单位：元

年份	教育费附加	教育费附加率（%）	流转税税额	软件行业营业收入	流转税税负（%）
2010	138 760. 30	3	4 625 343. 33	144 284 219. 24	3. 21
2011	341 829. 94	3	11 394 331. 33	172 624 810. 02	6. 60
2012	293 917. 79	3	9 797 259. 67	203 257 411. 03	4. 82
2013	344 830. 29	3	11 494 343. 00	256 285 826. 63	4. 48
2014	105 519. 39	3	3 517 313. 00	220 745 596. 83	1. 59
2015	214 803. 03	3	7 160 101. 00	261 091 091. 22	2. 74

由表 8 可知，2013 年软件业“营改增”后 2014 年、2015 年企业流转税税负均低于“营改增”前的企业流转税税负，与 2010—2013 年四年流转税税负平均值4. 47%相比，分别下降了 2. 88%、1. 73%，减税效应明显，因此“营改增”达到了使软件企业流转税税负下降的目的。而 2014 年与 2015 年相比购进了更多的固定资产，导致进项税额较多，因此两者数据存在较大差异。

综上所述，一方面由于“营改增”税率仅提高了 1 个百分点，且免税政策继续存在，导致销项税额的数值不会提高太多；另一方面由于增值税税款抵扣制度，企业购进的大量进项税额均可抵扣销项税额，且在企业营业成本中人工成本所占的比例越低，可抵扣的数值越大。两个方面共同作用，导致“营改增”后川大智胜流转税税负下降明显。

四、结论

通过税法原理角度的理论分析与四川省样本的实证计算，本文得出如下主要结论：①增值税行业税负与企业税负存在密切联系但又截然不同。②“营改增”

① 数据根据中经网原始数据计算而得。

行业税负变化主要取决于税率提升幅度与进项税额抵扣力度的双向复合作用。③“营改增”企业名义税负变化主要取决于企业增值率、税率提升幅度与每期进项税额抵扣力度的复合作用；实际税负变化取决于每期进项税额抵扣力度：如果存在不可抵扣的进项税且其占含税收入的比例高于营业税名义税负率，则“营改增”后企业税负增加，否则“营改增”后企业税负降低。④四川省建筑业“营改增”行业税负提高，企业理论税负降低而实际税负提高；四川省软件和信息技术服务业行业税负降低，企业税负也降低。

需要说明的是，由于现实经济中普遍存在分工，营业税属于全额计税的多环节流转税，同一个应税对象每多流转一次就会多重复征收一次税。因此，上述基本结论属于保守结论，有理由确信“营改增”的减税效应具有普遍说服力。

参考文献：

[1] 高培勇.“营改增”的功能定位与前行脉络 [J]. 税务研究，2013 (7)：3-10.

[2] 高培勇. 论完善税收制度的新阶段 [J]. 经济研究，2015 (2)：4-15.

[3] 郭思慧. 营改增对企业绩效的影响——基于软件与信息技术服务业上市公司的分析 [D]. 北京：对外经济贸易大学，2016.

[4] 郝晓薇，段义德. 基于宏观视角的“营改增”效应分析 [J]. 税务研究，2014 (5)：3-7.

[5] 郝晓薇，王琴. “营改增”税负效应研究述评 [J]. 公共经济与政策研究，2016 (2)：168-175.

[6] 李若萌. 建筑业“营改增”税负效应研究 [D]. 杭州：浙江大学，2017.

[7] 潘文轩.“营改增”试点中部分企业税负“不减反增”的现象分析 [J]. 财贸研究，2013，24 (1)：95-100.

[8] 田志伟，胡怡建.“营改增”对各行业税负影响的动态分析——基于 CGE 模型的分析 [J]. 财经论丛，2013，173 (4)：29-34.

[9] 尹音频，魏彧，张敏洁. 保险业营改增的产业波及效应分析——基于投入产出法的测算 [J]. 税务研究，2017 (11)：60-64.

高等教育对个人创新意识的影响机制研究
——基于创新人格中介效应和中美跨国比较视角

刘元生　李建军

内容提要：本文使用世界价值观调查数据（Vorld Values Survey，WVS），检验中、美两国高等教育对创新意识和创新人格的培养效果以及创新人格在创新意识培育中的中介效应。实证结果表明：中国高等教育在培养民众创新意识和塑造创新人格方面发挥了重要作用，创新人格对创新意识培养有很强的中介效应；就美国而言，尽管个体的创新意识比中国样本更强、创新人格对创新意识的作用显著，但创新意识和创新人格的培养阶段主要在高等教育阶段之前，美国高等教育经历对个体创新意识的提升相对较小，创新人格在高等教育创新意识培养的中介效应不充分。中国教育部门应注重创新人格塑造，发挥创新人格在创新意识培养中的关键作用，并加强高等教育与初等教育在创新人格和创新意识培育方面的衔接。

关键词：高等教育；创新意识；创新人格

一、引言

创新始终是推动一个国家、一个民族向前发展的重要力量，在我国进行经济发展方式转变和经济结构转型的背景下，创新驱动发展战略是形成新的增长动力源泉、推动经济持续健康发展的保证。创新驱动发展战略的实现首先需要个体创新意识的觉醒。创新意识代表人们对创新的一种认识程度、认识水平以及态度，是指推崇创新，追求创新，以创新为荣的观念。创新意识是创新活动的先导和产生创新行为的心理动机。实证检验发现，创新意识对创新行为有不容忽视的影响，企业家创新意识与企业创新氛围和创新绩效呈显著正相关，对两者有不同程度的预测作用。

高等教育是国家创新体系的基础环节，承担着培养和造就高层次创新人才的重任。提升大学生创新意识是培养高层次创新人才的切入点，现代大学应该通过

作者简介：刘元生，西南财经大学财政税务学院，博士，讲师；李建军，西南财经大学财政税务学院，博士，教授。

营造良好的创新环境、改革教学方式、创建多样化多层次的创新课程体系等方法来激发学生的探索潜能、引导学生创新意识。但是，创新意识是个体对创新的认识，与创新人格、创新能力等心理特征一起形成互相影响的复杂心理结构。这意味着高等教育对创新意识的培养路径是多重的，应当把与创新相关的人格特征的塑造考虑在内。创新人格最早由心理学家吉尔福特（Guilford）提出，表现为能够内在、持久、稳定地促使个体取得创新产物的人格特征。人格塑造是教育的宗旨。康德认为，一种良好的教育意味着它能使人的天性得到越来越好的发展，实现达致“善”的所有禀赋。高等教育不仅传授知识技能，也塑造、提升和健全每个受教育者的人格。人格的塑造尤其是创新性人格的塑造，在创新意识培养过程中的作用应该得到充分重视。

美国是世界公认的创新的核心力量，具有众多引领潮流的创新成果，其高度发达的高等教育体系为美国的创新体制提供了源源不断的人才储备。美国的高等教育立足于本国的历史传统和现实环境，是其基础教育体系的延伸，与基础教育共同发挥培养创新人才的作用。因此，探究美国高等教育在创新意识培养和创新人格塑造方面处于何种地位，评估中、美两国高等教育对个体创新人格塑造的成效和创新意识的影响差异，比较分析差异的范围、程度和生成机制，对我国创新人才培养及教育改革有着重要的启示作用。

本文使用世界价值观调查中、美两国的数据，评估中、美两国高等教育对创新意识和创新人格的培养效果，探讨人格塑造在创新意识的培养机制的作用，并对中、美两国高等教育创新意识的培养机制之间的差异进行比较。

二、文献综述与研究假设

国内外众多教育学和心理学学者分析了高等教育、创新人格和创新意识之间的联系。教育学科的学者主要关注高等教育对创新意识和创新人格的培养，心理学科学者的关注点在于创新人格与创新意识的关系，两个学科的文献目前尚缺乏有机的融合。

（一）高等教育与创新意识培养

培养具有创新意识和创新能力的高素质人才是高等教育人才培养的重要目标。高等教育创新意识培养机制包括合理搭建教育课程体系、创新教育教学方式、营造适合创新的环境、加强社会实践教学环节等方面。在课程体系方面，增加实践课程、增强学生专业技能，培养学生动手能力；通过人文通识课程丰富学生知识结构、开阔视野；设置边缘交叉学科课程、跨学科课程打破学科之间的壁垒，加强协同创新。在教学方式方面，高校广泛开展启发式、讨论式、参与式教学，推广小班教学，鼓励教师把国际前沿学术发展、最新研究成果和实践经验融入课堂教学，注重培养学生的批判性和创造性思维，激发创新灵感。在鼓励创新方面，大学通过营造兼容并包、百家争鸣的学术氛围，使学生通过长期的学习、观察和实践，将创新意识内化，成为创新性人才。同时，高校提高学生社会创新参与度，鼓励学生参与义务社会服务、社会调查和创业等社会创新实践活动，体验社会创新过程，增强创新意识。

（二）高等教育和创新人格塑造

在心理学中，所谓人格是指基本和稳定的心理结构与过程，它们组织着人的经验并形成人的行为和对环境的反应。人格教育是一种着眼于发展受教育者心理品质的教育，人格教育的宗旨是使受教育者形成一个日趋完善的人格，建立一种完整和健全的心理结构。大学阶段是人的生理、心理剧烈变化并逐步走向成熟的时期，是创新人格形成的关键阶段，高校担任着人格教育与培养的重任。创新人格教育是人格教育的重要组成部分，强调开发、塑造和提升与创新有关的人格特质。

Barron 和 Harrington 认为，具备创造力的个体的人格特质包括良好的审美观、广泛的兴趣、精力充沛、独立判断、直觉、自信等。Sternberg 提出，创造力的人格特征维度由七个因素组成：能忍受模糊情境、愿意克服障碍、愿意成长、具有内在的动机、冒险精神、被肯定的欲望、愿意为被肯定而工作。有学者认为大学生创新人格核心特质包含有恒性、敢为性、忧虑性、独立性、自律性。也有学者将大学生创新人格概括为：不断进取的自信心，强烈的兴趣与好奇心，胸怀社会的责任心，百折不挠的意志力，独立的批判精神，开放的心态以及团结协作的精神。

不同的研究者对创新性人格有着不同的概括和分类，但也存在着一些共同的人格特征。基于研究者对创新性人格的分类和数据的可得性，本文将评估高等教育对成就动机、社会责任感和风险倾向三种创新人格特征的塑造作用。

（三）创新人格与创新意识的关系

创新是一个形成创新动机、产生创造性构想和实现创造性构想的过程，是一种复合的心理活动和社会实践，它除需要较高的知识水平、较强的思维能力以外，还需要理想和成就感提供向导，需要责任感提供动力，不畏惧失败、勇于承担风险，并辅以一定的心理调适机制。创新人格是创新意识的内在动力源，也是创造性个体心理结构中的关键因素。以往的研究表明，以成就动机、社会责任感和风险倾向为代表的创新人格特征对个体创新意识有较强的作用。

1. 成就动机

成就动机是人类的一种社会性动机，是指在竞争环境下努力追求卓越以期达到更高目标的内在动力和心理倾向。默里（H. A. Murry）在 1938 年提出了“成就需要”的概念，他把成就需要定义为“完成困难任务，掌握、操纵或组织物理对象、人类思想；尽可能独立和迅速地从事这些任务，排除障碍并达到一个较高的标准；超越自我；与他人竞争且胜过他人；通过成功提高自尊心”。国内也有学者对成就动机及其效应进行了较深入的研究。

成就动机能对创新意识产生激发作用。具有强烈成就动机的个人渴望他人的认可，有动力采用创新方法提高工作效率，在创新过程中，他们收获克服困难、努力奋斗的乐趣以及成功之后的个人成就感。成就动机越高，个体为自己设定的目标水平就越高，求新求变的愿望就越强烈。成就动机取向强的个人比成就动机较弱的个体更有毅力，在遭受挫折时不气馁、不放弃，保持乐观向上的精神。这些非智力因素都是成就动机激发创新意识的重要渠道。

2. 社会责任感

社会责任感是一种人格特质，使个体深刻地认识到社会的客观需求以及自己在满足社会需求中的作用，并表现出相应的责任行为，体现出个人的社会价值。在整个道德规范体系中，责任居于重要地位。德国哲学家康德说过："每一个在道德上有价值的人，都要有所承担。不负任何责任的东西，不是人而是物。"培养有社会责任感的良好公民是大学教育的基本目标和重要内容。社会责任感与创新意识关系密切，它使得创新主体更为敏锐地观察社会现象，对现实中不科学、不合理的生产方式采取更强烈的批判态度，更自觉地寻找社会需求与自身发展的契合点，从而激发创新动机，产生更强的创新意识。而且，社会责任感也是创新意识的持久的动力源泉，使个体不把创新行为视作个人私事，不受个人兴趣、好恶和短期利益的影响，以开拓创新为己任，持续创造社会价值。

3. 风险倾向

风险倾向是指个体处于风险情境中的行为模式，表现的是个体对所处风险情景中的因素进行判断，对未来发生的事件进行预测而做出冒险决定的程度。有许多文献研究个体的风险倾向与创业以及企业管理之间存在的联系。丁栋虹和张翔引入风险感知作为中介变量探讨风险倾向对个体创业意愿的影响机制。李海磊等人探讨大学生的冒险性、感知的创业文化与创业意向之间的关系。尹俊等人基于上层梯队理论，探讨和检验了战略领导者成就动机和冒险倾向与企业国际化的关系。与创业类似，创新活动意味着创造前所未有之事物，在此过程中可能遭遇挫折、失败，也可能受到传统势力和权威的反对，这意味着巨大的风险。因此具有冒险精神、风险倾向的人更愿意从事创新活动，拥有更强的创新意识。

（四）研究假设的提出

已有的文献存在以下不足：首先，在高等教育对创新人格和创新意识的培养效果方面，目前缺少定量分析，一些调查研究局限于大学生群体内部，没有调查受过高等教育人群和未受过高等教育人群创新意识的差别；其次，对高等教育影响创新意识的机制研究不足，较少指出高等教育培养创新意识的途径，并进行定量分析；最后，缺乏国际比较研究。

从以上分析可知，高等教育存在两条培养创新意识的路径：第一条路径是通过合理搭建课程体系、创新教育教学方式、营造适合创新的环境、加强社会实践教学环节等手段直接增强受教育个体的创新意识；第二条路径是通过人格教育开发、塑造和提升包括成就动机、社会责任感、风险倾向在内的创新人格特质，间接地培育个体的创新意识，即创新人格在创新意识培养中存在着中介效应。因此，本文将以中、美两国数据检验如下假设：

H1：高等教育对个体的创新意识有直接的促进作用。

H2：高等教育对个体以成就动机、社会责任感和风险倾向为代表的创新人格塑造有显著的正面影响。

H3：以成就动机、社会责任感、风险倾向为代表的创新人格特征对个体创新意识有显著的正面影响

H4：创新人格特征在高等教育培养创新意识的过程中起中介作用。

本文的研究框架如图 1 所示。

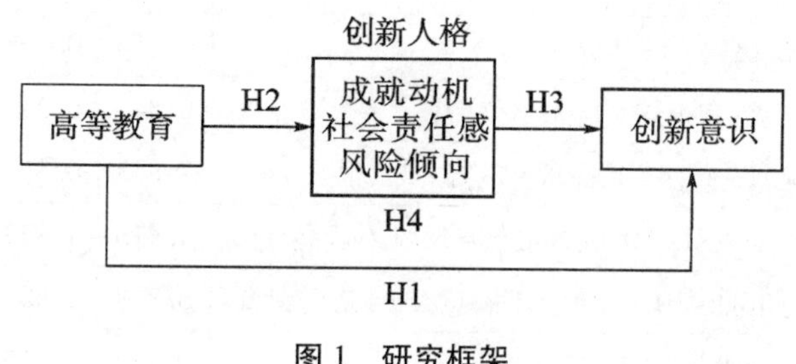

图 1　研究框架

三、变量说明与模型

本文使用了世界价值观调查中、美两国的第六波（2010—2014）调查数据。世界价值观调查由瑞典的非营利组织“世界价值观研究协会”（World Values Survey Association，WVSA）主持进行，是一项描述世界社会文化和政治变迁等问题的调查研究。在第六波调查数据中，中国部分的调查由北京大学中国国情研究中心负责，该调查采用分层、多阶段、概率与人口规模成比例的抽样方法，以入户问卷访问的调查方式，并通过采用 GPS 辅助的区域抽样方法，有效地覆盖了流动人口，共取得 2 300 份有效问卷，有效回答率为 66%；美国部分的调查由密歇根大学负责，采用基于地址的随机采样方式，调查时间为 2011 年 6 月 9 日—2011 年 7 月 5 日，共取得 2 232 份有效问卷，有效回答率为 70. 86%。

世界价值观调查中关于创新意识和人格特征的问题为“有一些人把下列目标看得非常重要，您觉得自己和这些人相像吗?”创新意识对应世界价值观调查选项列表中的 V70，描述为“具有新思想和创造力，按自己方式行事”，取值设定从 1 到 6，问卷中的含义为由强到弱，本文将之转换为由弱到强，分别代表“完全不像”“不像”“只有一点像”“有些像”“像”和“很像”。由表 1 可知，中国创新意识的均值为 3. 629，美国创新意识的均值为 3. 967，美国民众的创新意识明显高于中国，与其创新大国的地位相称。人格特征变量为成就动机（success）、社会责任感（gts）和冒险倾向（adventure）。由表 1 可知，中国个体的成就动机比美国更强，社会责任感方面中、美两国差别较小，冒险精神方面美国较强。高等教育为虚拟变量，受过高等教育为 1，否则为 0。有关的控制变量为性别、年龄、婚姻状况、是否有小孩、健康状况、家庭收入等级、生活满意度，其定义与描述见表 1。

表 1　变量定义和描述

变量名	变量定义	中国		美国	
		均值	标准差	均值	标准差
creative	创新意识:1~6,依次从弱到强	3.629	1.368	3.967	1.264
male	性别:男=1,女=0	0.489	0.499	0.485	0.499
age	年龄	43.92	14.95	48.91	16.91
married	婚姻状况:已婚=1,其他 0	0.816	0.397	0.582	0.493
child	是否有小孩:有小孩=1,无小孩=0	0.844	0.363	0.681	0.512
health	健康状况:1~4,差=1、一般=2、好=3,、很好=4	2.843	0.857	3.063	0.749
income	家庭收入等级:1~10,收入最低=1、收入最高=10	4.416	1.853	5.165	1.914
satisf	生活满意度:1~10,1=完全不满意,10=完全满意	6.858	1.985	7.441	1.862
eduu	是否受过高等教育:1=是,0=否	0.169	0.375	0.585	0.493
success	成就动机:1~6, 依次从弱到强	3.873	1.319	3.437	1.369
gts	社会责任感:1~6, 依次从弱到强	4.306	1.066	4.269	1.143
adventure	风险倾向:1~6, 依次从弱到强	2.842	1.341	2.989	1.330

由于本研究中作为被解释变量的创新意识和创新人格特征变量都为非连续变量，存在数据内在的排序，不完全符合普通线性回归方法的前提条件，所以除了采用普通最小二乘法外，还报告有序概率模型（Order-Probit）的估计结果。已有研究文献发现被解释变量被假定为基数或序数，采用 OLS 和 Probit、Order-Logit 的研究结果非常类似，对研究来说不重要。关于创新人格的中介效应，本文采用 Baron 和 Kenny 的方法来判别中介效应。自变量和因变量间、自变量和中介变量间、中介变量和因变量间均显著相关，并且自变量对因变量的影响在加入中介变量后减弱。

首先根据回归方程（1）检验高等教育对创新意识的影响。其中，因变量为创新意识，控制变量为性别、年龄、婚姻状态、是否有小孩、健康状况、收入、生活满意度以及是否受过高等教育。高等教育变量 eduu 的系数 β_8 反映了在控制其他个人特征的情况下，高等教育对创新意识的作用。

$$creative_i = \beta_0 + \beta_1 male_i + \beta_2 age_i + \beta_3 married_i + \beta_4 child_i + \beta_5 health_i + \beta_6 income_i + \beta_7 satisf_i + \beta_8 eduu_i + \varepsilon_i \qquad (1)$$

类似地，本文通过回归方程（2）检验高等教育对创新人格特征的影响。式中，$character_{i,j}$ 分别指成就动机（success）、社会责任感（gts）和风险倾向（adventure）三项人格特征，高等教育变量 eduu 的系数 $\theta_{8,j}$ 表示在控制其他个人特征的情况下，高等教育对三项创新人格特征的塑造效果。

$$character_{i,j} = \theta_0 + \theta_{1,j} male_i + \theta_{2,j} age_i + \theta_{3,j} married_i + \theta_{4,j} child_i + \theta_{5,j} health_i + \theta_{6,j} income_i + \theta_{7,j} satisf_i + \theta_{8,j} eduu_i + \varepsilon_{i,j} \quad j = 1,2,3 \tag{2}$$

然后，本文考察创新人格特征对创新意识的作用。方程（3）代表3次回归，分别将成就动机、社会责任感和风险倾向代入变量 $character_{i,j}$，依次估计方程（3），系数 $\gamma_{8,j}$ 表示三项人格特征对创新意识的影响。

$$creative_i = \gamma_0 + \gamma_{1,j} male_i + \gamma_{2,j} age + \gamma_{3,j} married + \gamma_{4,j} child + \gamma_{5,j} health + \gamma_{6,j} income + \gamma_6 satisf + \gamma_{8,j} character_{i,j} + \varepsilon_i \quad j = 1,2,3 \tag{3}$$

最后，本文将高等教育和创新人格特征变量同时纳入回归方程。如方程（4）所示，检验创新人格的中介效应。如果方程（1）中 β_8 大于0且显著（高等教育对创新意识有培育作用），方程（2）中 $\theta_{8,j}$ 大于0且显著（高等教育对创新人格特征有塑造作用）、方程（3）中 $\gamma_{8,j}$ 大于0且显著（创新人格特征对创新意识有促进作用），并且 $\alpha_8 < \beta_8$（高等教育对创新意识的影响在加入创新人格变量后显著减弱），则创新人格特征在高等教育培养创新意识的过程中起中介作用假设成立。

$$creative_i = \alpha_0 + \alpha_1 male_i + \alpha_2 age + \alpha_3 married + \alpha_4 child + \alpha_5 health + \alpha_6 income + \alpha_7 satisf + \alpha_8 eduu + \sum_{j=1}^{3} \alpha_{9j} character_{ij} + \varepsilon_i \tag{4}$$

四、实证结果分析

（一）中国样本分析

表2报告了利用中国样本数据基于OLS和Order-Probit模型的方程（1）与方程（2）的估计结果，显示了高等教育对创新意识和三项创新人格特征的影响。由于通过OLS和Order-Probit方法得到的回归系数和显著性基本一致，本文主要基于OLS模型的回归结果进行分析。

对于创新意识而言，高等教育对创新意识的回归系数 $\beta_8 = 0.416$（$p<0.01$），为影响创新意识的最重要因素。在其他条件不变的情况下，受过高等教育群体的创新意识强度平均来说比未受过高等教育的群体高出0.416，意味着我国高等教育在培养民众创新意识方面发挥了重要作用，证实了假设H1。控制变量中，性别的回归系数为0.313（$p<0.01$），对创新意识有显著影响，男性创新意识更强；年龄对创新意识具有负效应，年龄越大、创新意识越弱；健康人群的创新意识更强；结婚和是否生育对创新意识无显著影响；收入越高、生活满意度越高，创新意识越强。

在影响成就动机人格特征的各种因素中，高等教育深刻地塑造了成就动机的个人特征，其系数为0.379（$p<0.01$）。在社会责任感方面，高等教育对社会责任感的回归系数为0.272（$p<0.01$），有显著的促进作用。在冒险精神方面，高等教育对冒险精神的回归系数达到0.161（$p<0.05$）。综合这三项回归结果，高等教育对创新人格有显著的正面影响，验证了假设H2。

表 2　　高等教育对创新意识和中介变量的回归结果：中国样本

	创新意识(creative)		成就动机(success)		社会责任感(gts)		风险倾向(adventure)	
	OLS	Order-Probit	OLS	Order-Probit	OLS	Order-Probit	OLS	Order-Probit
constant	3.245*** (17.97)	–	3.705*** (21.14)	–	3.427*** (23.55)	–	3.075*** (17.36)	–
male	0.313*** (5.44)	0.260*** (5.44)	0.284*** (5.07)	0.234*** (4.89)	0.115** (2.47)	0.124*** (2.58)	0.271*** (4.80)	0.209*** (4.32)
age	−0.019*** (−8.14)	−0.015*** (−7.88)	−0.017*** (−7.43)	−0.014*** (−6.69)	0.002 (0.79)	0.002 (1.24)	−0.018*** (−7.61)	−0.016*** (−7.84)
health	0.122*** (3.30)	0.102*** (3.30)	0.121*** (3.37)	0.104*** (3.36)	0.043 (1.45)	0.053* (1.69)	0.074** (2.04)	0.066** (2.10)
married	−0.149 (−1.47)	−0.112 (−1.33)	−0.088 (−0.89)	−0.092 (−1.09)	−0.055 (−0.67)	−0.076 (−0.89)	−0.318*** (−3.18)	−0.231*** (−2.69)
child	0.003 (0.02)	−0.023 (−0.22)	−0.042 (−0.35)	−0.045 (−0.45)	0.005 (0.06)	0.009 (0.09)	−0.256** (−2.14)	−0.183* (−1.79)
income	0.089*** (5.49)	0.073*** (5.44)	0.059*** (3.73)	0.049*** (3.71)	0.014 (1.10)	0.013 (0.97)	0.093*** (5.84)	0.081*** (5.92)
satisf	0.059*** (3.76)	0.047*** (3.63)	0.037** (2.47)	0.033** (2.51)	0.086*** (6.86)	0.091*** (6.91)	0.036** (2.31)	0.027 8** (2.09)
eduu	0.416*** (4.99)	0.342*** (4.93)	0.379*** (4.70)	0.337*** (4.83)	0.272*** (4.05)	0.297*** (4.22)	0.161** (1.97)	0.131* (1.89)
R^2/Pseudo R^2	0.160	0.052	0.130	0.042	0.052	0.020	0.152	0.051
obs	1 924	1 924	1 915	1 915	1 917	1 917	1 913	1 913

注：* p<0.1、** p<0.05、*** p<0.01；括号内为 t 值或 z 值。

表 3 显示了基于方程（3）和方程（4）的回归结果。同样，由于通过 OLS 和 Order-Probit 方法得到的回归系数和显著性基本一致，本文主要基于 OLS 模型的回归结果进行分析。由表 3 中第 1 列可知，成就动机人格特征对创新意识作用显著，系数为 0.396（p<0.01）。表 3 中第 3 列反映了社会责任感的影响，社会责任感的回归系数为 0.342（p<0.01）。表 3 中第 5 列反映了风险倾向的影响，其回归系数为 0.368（p<0.01）。以上的回归结果验证了假设 H3，即创新人格对创新意识有正向作用。

表 3 中第 7 列和第 8 列显示了方程（4）的结果，同时包含了高等教育和三项人格特征变量。三项人格特征变量的回归系数都很显著（p<0.01），其中，成就动机的系数为 0.237，社会责任感的系数为 0.198，风险倾向的系数为 0.275。高等教育的作用系数为 0.232（p<0.01），与表 2 中第 2 列的系数 0.416 相比，大幅度减

小，因此满足了中介效应成立的条件：高等教育既培育了创新意识又塑造了创新人格特征；创新人格特征对创新意识有正面影响；同时加入高等教育和创新人格特征时，高等教育对创新意识的影响减弱。由此可知，对中国样本数据而言，假设 H4 成立，创新人格的中介效应存在。

表 3　　中介效应检验回归结果：中国样本

	创新意识(creative)		成就动机(success)		社会责任感(gts)		风险倾向(adventure)	
	OLS	Order-Probit	OLS	Order-Probit	OLS	Order-Probit	OLS	Order-Probit
constant	1.882*** (10.12)	–	2.171*** (10.96)	–	2.257*** (12.39)	–	0.851*** (4.40)	–
male	0.200*** (3.71)	0.179*** (3.71)	0.274*** (4.90)	0.235*** (4.88)	0.214*** (3.91)	0.192*** (3.98)	0.147*** (2.85)	0.124*** (2.90)
age	−0.014*** (−6.32)	−0.012*** (−6.13)	−0.022*** (−9.46)	−0.018*** (−9.22)	−0.015*** (−6.56)	−0.013*** (−6.42)	−0.011*** (−4.97)	−0.010*** (−4.89)
health	0.068* (1.97)	0.061* (1.96)	0.107*** (2.98)	0.091*** (2.94)	0.088** (2.50)	0.076** (2.45)	0.063* (1.91)	0.058* (1.83)
married	−0.122 (−1.29)	−0.092 (−1.08)	−0.143 (−1.45)	−0.104 (−1.23)	−0.054 (−0.56)	−0.038 (−0.45)	−0.035 (−0.38)	−0.018 (−0.21)
child	−0.021 (−0.19)	−0.045 (−0.45)	−0.052 (−0.44)	−0.072 (−0.71)	−0.050 (0.44)	0.019 (0.19)	0.085 (0.78)	0.048 (0.46)
income	0.074*** (4.96)	0.065*** (4.83)	0.094*** (6.09)	0.080*** (6.00)	0.067*** (4.43)	0.059*** (4.38)	0.044*** (3.04)	0.042*** (3.01)
satisf	0.048*** (3.30)	0.042*** (3.23)	0.034** (2.24)	0.028** (2.10)	0.049*** (3.33)	0.043*** (3.25)	0.024* (1.72)	0.022* (1.60)
eduu							0.232*** (3.13)	0.208*** (2.95)
success	0.396*** (18.13)	0.357*** (17.36)					0.237*** (9.95)	0.226*** (9.83)
gts			0.342*** (10.96)	0.305*** (12.59)			0.198*** (7.27)	0.199*** (7.57)
adventure					0.368*** (16.70)	0.317*** (15.66)	0.275*** (12.52)	0.251*** (11.78)
R^2/Pseudo R^2	0.274	0.097	0.213	0.074	0.256	0.087	0.347	0.128
obs	1 915	1 915	1 917	1 917	1 913	1 913	1 904	1 904

注：* p<0.1、** p<0.05、*** p<0.01；括号内为 t 值或 z 值。

（二）美国样本分析及中美比较

表 4 显示了基于美国样本的 OLS 估计结果，Order-Probit 的回归结果与此类似，为节约篇幅，在此不予报告。第 1 列为回归方程（1）的结果。高等教育的回归系数为 0.104（p<0.1），假设 H1 成立。但与中国样本的回归系数（0.416）相比，差异比较大，美国的高等教育对创新意识虽然有一定培养作用，但远不如中国高等教育的作用大。与中国样本相同，性别对创新意识有显著影响，男性的创新意识更强，年龄有负面的作用，身体越健康、创新意识越强，婚姻有负面作用，生活满意度对创新意识有正面作用；但是，在美国样本中，有两个控制变量与中国差异较大，生育对创新意识的负面影响比中国样本显著（p<0.1），收入对创新意识的影响比中国更弱，且不显著。

表 4　　高等教育对创新意识和中介变量的回归结果：美国样本

	创新意识(creative)	成就动机(success)	社会责任感(gts)	风险倾向(adventure)	创新意识(creative)	创新意识(creative)	创新意识(creative)	创新意识(creative)
	(1)	(2)	(3)	(4)	(5)	(6)	(7)	(8)
constant	3.863*** (23.58)	3.698*** (21.37)	3.538*** (23.76)	3.589*** (21.94)	3.045*** (17.35)	2.938*** (16.30)	2.832*** (16.32)	2.064*** (11.06)
male	0.257*** (4.76)	0.242*** (4.25)	-0.195*** (-3.97)	0.433*** (8.03)	0.201*** (3.80)	0.309*** (5.84)	0.120** (2.28)	0.169*** (3.24)
age	-0.008*** (-4.41)	-0.019*** (-10.48)	0.001 (0.29)	-0.023*** (-13.29)	-0.003* (-1.96)	-0.008*** (-4.45)	-0.001 (-0.56)	-0.001 (-0.31)
health	0.093** (2.26)	-0.022 (-0.51)	0.117*** (3.13)	0.039 (0.94)	0.107*** (2.71)	0.076* (1.91)	0.093** (2.38)	0.073* (1.88)
married	-0.097** (-1.59)	-0.165*** (-2.56)	-0.107* (-1.94)	-0.222*** (-3.65)	-0.055 (-0.93)	-0.062 (-1.04)	-0.026 (-0.44)	-0.009 (-0.16)
child	-0.107* (-1.68)	0.064 5 (0.96)	0.023 (0.39)	-0.051 (-0.80)	-0.128** (-2.07)	-0.119* (1.91)	-0.098* (-1.61)	-0.108* (-1.80)
income	-0.012 (-0.77)	0.089*** (5.41)	0.013 (0.89)	0.047*** (3.00)	-0.026* (-1.75)	-0.012 (-0.82)	-0.017 (-1.18)	-0.034** (-2.31)
satisf	0.028* (1.67)	0.027 (1.52)	0.041*** (2.72)	0.022 (1.33)	0.019 (1.22)	0.014 (0.86)	0.019 (1.23)	0.013 (0.84)
eduu	0.104* (1.81)	0.066 (1.09)	0.205*** (3.95)	-0.040 (-0.69)				0.076 (1.39)
success					0.226*** (11.33)			0.112*** (5.30)
gts						0.258*** (11.07)		0.169*** (7.18)

表4(续)

	创新意识(creative)	成就动机(success)	社会责任感(gts)	风险倾向(adventure)	创新意识(creative)	创新意识(creative)	创新意识(creative)	创新意识(creative)
	(1)	(2)	(3)	(4)	(5)	(6)	(7)	(8)
adventure							0.292*** (14.04)	0.213*** (9.52)
R^2/Pseudo R^2	0.038	0.081	0.036	0.137	0.092	0.090	0.115	0.157
观测值	2 147	2 145	2 132	2 139	2 141	2 128	2 135	2 113

表4中第2列至第4列报告了基于方程（2）的回归结果，显示了美国高等教育对人格塑造的作用。高等教育对追求成功的系数为0.066，且不显著；高等教育对社会责任感的回归系数为0.205，显著（p<0.01）①；高等教育对冒险精神的回归系数为-0.040，且不显著。除了社会责任感外，美国高等教育对创新人格的塑造作用不明显，假设H2不成立。第5列至第7列显示方程（3）的回归结果，展示了在美国创新人格特征对创新意识的影响。其中，成就动机的回归系数为0.226（p<0.01），社会责任感的回归系数为0.258（p<0.01），风险倾向的回归系数为0.292（p<0.01），三项创新人格对创新意识均有显著的正面影响，因此对美国样本而言假设H3成立。

表4中第8列给出了方程（4）的回归结果，将高等教育和三项创新人格特征变量都加入回归方程后，成就动机的回归系数为0.112（p<0.01），社会责任感的回归系数为0.169（p<0.01），风险倾向的回归系数为0.213（p<0.01），三者仍然显著。但是高等教育的系数为0.076，较之方程（1）中的系数0.104，略有下降但不显著。综合回归结果可知，在美国，高等教育对创新意识形成具有一定的积极作用，成就动机、社会责任感和风险倾向三项创新人格特征对个人创新意识提升具有显著作用，但在创新人格特征三个变量中只有社会责任感在高等教育培养创新意识中具有中介效应，成就动机和风险倾向两项人格特征未产生中介效应。

从回归结果中可以看出，美国高等教育对创新人格特征的影响较小，使得高等教育经由创新人格塑造培养创新意识的路径没有获得充分的经验支持，中、美两国的创新意识培养机制存在较大差异。其中反映的中美教育体制差异值得进行深入辨析。

首先，在中、美两国，以成就动机、社会责任感和风险倾向为代表的创新人格特质都对创新意识有着正面影响。在美国，以乔布斯、比尔·盖茨、扎克伯格和马斯克等人为代表的科技产业的创新领导者，无一不深具人格魅力。他们有着

① 美国高等教育极为重视培养学生的社会责任感，其社会责任感的培养实践包括以下几个方面：通过教学、研究和公共服务，扩大民主参与和社会责任项目；将公共责任深入个人的实践与高等教育组织的政策和实践；通过制度建构，鼓励、表彰和认可师生与社会的合作者从事社会服务；加强大学教育和科研的社会合作关系。

强烈的成就动机，不满足于在产业中做跟随者，而是要引领产业的发展，甚至开创新的产业，屹立于技术创新的浪潮之巅；他们都有着高度的社会责任感，热心于慈善事业，致力于解决影响人类社会发展的根本性问题；他们都具有高度的风险倾向特征，不畏惧行业激烈竞争的现实、进行具有高度风险的技术创新。因此，我国实施创新发展战略的一个重要支撑是在全民教育中注重创新人格的塑造，培养具有远大理想、高度社会责任感和愿意冒险的创新人才。

其次，在创新人格和创新意识培养方面，中国主要体现在高等教育阶段，小学和中学阶段基本处于应试教育状态，主要集中于基本知识学习和训练，创新人格和创新意识培养缺失。而美国的创新意识在高等教育之前已达到较高水平。根据样本数据计算的结果，中国样本中受过高等教育的个体和未受过高等教育的个体之间的创新意识水平差距很大，受过高等教育的个体的创新意识均值为 4.379，未受过高等教育的个体的创新意识均值为 3.482。但是，美国受过高等教育的个体和未受过高等教育的个体之间的创新意识差异较小，受过高等教育的个体创新意识均值为 4.018，未受过高等教育的个体的创新意识均值为 3.896。因此，美国民众创新意识形成的时期比中国民众更早。同时，三项创新人格特质中，美国高等教育仅对社会责任感有较强影响，对成就动机和风险倾向的作用不显著，美国在高等教育之前的小学和中学教育都十分注重个人价值实现、鼓励尝试创新和个性化发展。美国学生在进入大学之前已具备较强的成就动机、冒险精神等人格特征，也具有很强的创新意识，进入大学后能做出人生选择，致力于有目的的学习和研究，提升创新能力，取得创新成果。

最后，创新人格教育在我国面临着现实困境。在义务教育和高中教育阶段，中国学生主要接受应试教育。应试教育的狭隘之处在于考试科目的有限性、评价指标的单一性和答案的标准化，抑制了学生创造力的发展。尽管 20 世纪 90 年代中期我国正式提出素质教育的观念，但由于考试指挥棒没有得到根本扭转，素质教育仍处于非常尴尬的境地，并没有成为现实。诚然，应试教育有利于培养学生吃苦耐劳、不畏艰难的人格品质，但很大程度上属于高压情境下的非自觉反应，导致其不具备稳定性和持久性。因此，中国学生创新人格塑造任务很大程度上落到高等教育阶段，在学习、生活相对自由的高等教育阶段，在中国教育部门不断推进大学通识教育和人格教育的努力下，中国学生的创新意识有了较大程度的提高。但根据本文的实证检验结果，由于中国学生在青少年阶段缺失了创新人格培养和创新意识教育，形成心理发展断层，导致民众的创新意识与美国存在着较大差距。

五、结论和政策建议

本文使用世界价值观调查数据，检验中、美两国高等教育对创新意识和创新人格的培养效果以及创新人格在创新意识培育中的作用。实证结果表明：中国高等教育在培养民众的创新意识和塑造创新人格方面发挥了重要作用，创新人格对创新意识培养有很强的中介效应；美国样本中个体的创新意识相对中国样本的创新意识更强烈，创新人格对创新意识的作用显著，但创新意识和创新人格的培养阶段主要在高等教育阶段之前，美国个体的高等教育经历对个体创新意识的提升幅度相对有限，创新人格在高等教育创新意识培养的中介效应并不充分。基于以上研究结论，本研究提出以下对策建议：

第一，注重创新人格塑造，发挥创新人格在创新意识培养中的关键作用。人格的完善是教育的最高目标，创新人格是创新意识生发的土壤。在创新型人才培养中，高等教育应当在课程体系、学科教学中渗透创新人格教育，注重讲授知识和学科的创新演进过程、创新人物的事迹和贡献等促进创新人格的塑造。高校教师不仅是知识的传授者，学高为师、德高为范，还应当以崇高的理想、高度的社会责任感和开拓创新的精神，引导学生进行探索性学习。高等院校应当以课程、讲座、研讨会等形式，在高等教育中将创新企业家引入课堂，让高校学生近距离领略勇于竞争、不惧风险的企业家精神，创造机会让学生参与创业实践。

第二，加强高等教育与初等教育的人格和创新意识教育的衔接。现阶段中国高等教育和初等教育的教学管理方式大相径庭，初等教育——特别是高中教育——以应试为主要目标，采用高压、紧凑、呆板的教学方式，抑制了学生创造性人格的发展；高等教育阶段管理相对比较宽松，又造成一部分学生迷失自我、丧失前进的目标。因此，教育部门和学校应结合青少年成长的心理特点，切实规划好每个教育阶段的人格和创新意识培养目标，并体现在具体的人才培养过程之中，促进个体人格完善和创新意识的提高。

参考文献：

［1］新华网. 加快实施创新驱动发展战略［EB/OL］. http://news.xinhuanet.com/fortune/2014-08/19/c_126887271.htm.

［2］刘春学. 创新意识及其社会培育［D］. 长春：东北师范大学，2002.

［3］陈若松. 论创新能力的内在整合［J］. 求索，2003（5）：169-170.

［4］王世波，王铁男，王成，等. 个体差异中创新意识与自我价值对IS创新行为影响的实证研究［J］. 科学管理研究，2013（1）：25-28，37.

［5］张华，张庆林. 企业家创新意识与企业创新潜力研究［J］. 科技进步与对策，2011（14）：87-92.

［6］叶清. 大学生创新人格特征及其培养［J］. 教育学术月刊，2010（11）：73-74，77.

［7］王琪琪. 大学生创新素质现状特征及创新意识培养开发的探索性研究［D］. 重庆：重庆大学，2012.

［8］康德. 论教育学［M］. 赵鹏，何兆武，译. 上海：上海世纪出版社，2005.

［9］母小勇，谢安邦，阎光才. 论构建我国21世纪高等教育创新课程体系之理念［J］. 教育研究，1999（11）：15-20.

［10］庞海芍. 通识教育与创新人才培养［J］. 现代大学教育，2007（1）：97-101，112.

［11］周慧颖，郄海霞. 世界一流大学工程教育跨学科课程建设的经验与启示——以麻省理工学院为例［J］. 黑龙江高教研究，2014（2）：50-53.

[12] 李彦，孙永清. 大学生创新意识与社会参与的实证研究 [J]. 科学经济社会，2012 (3)：57-60，65.

[13] 郑雪. 人格心理学 [M]. 广州：广东高等教育出版社，2004.

[14] 叶清. 大学生创新人格特征及其培养 [J]. 教育学术月刊，2010 (11)：73-74，77.

[15] BARRON F, HARRINGTON D M. Creativity, intelligence, and personality [J]. Annual Review of Psychology, 1981, 32 (1): 439-476.

[16] STERNBERG, R. J. A three-facet model of creativity. In R. J. Sternberg (Ed), The Nature of Creativity [M]. New York: Cambridge University Press, 1988: 125-147.

[17] 张晓明，郗春媛. 大学生创新人格核心特质研究 [J]. 高等教育研究，2002 (2)：80-83.

[18] 王澄海. 中美研究型大学学生创新意识培养的差异 [J]. 中国大学教学，2012 (12)：88-89，34.

[19] 林崇德，杨治良，黄希庭. 心理学大辞典 [M]. 上海：上海教育出版社，2003：1779-1780，128-129.

[20] MURRAY, H. A. Explorations in Personality [M]. New York: Oxford University Press, 1938.

[21] 张树东. 成就动机、家庭影响力及学业成就的关系研究 [J]. 教育学报，2007 (1)：59-65.

[22] 迟昊阳，赵冉，侯志瑾，等. 大学生完美主义与拖延：成就动机的中介作用 [J]. 中国临床心理学杂志，2012 (2)：233-236.

[23] 文敏，甘怡群，蒋海飞，等. 成就动机与学业倦怠、学业投入：未来取向应对的纵向中介作用 [J]. 北京大学学报 (自然科学版)，2014 (2)：388-396.

[24] 周静，王卫红，李丹. 大学生心理控制源、时间管理倾向与成就动机相关性 [J]. 中国健康心理学杂志，2013 (2)：307-309.

[25] 杨慧芳，顾建平. 企业管理者的情绪智力、自我效能感、成就动机研究 [J]. 心理科学，2007 (3)：719-722.

[26] 杨颉，姜燕媛. 大学生成就动机及其影响因素分析 [J]. 北京大学教育评论，2010 (1)：63-69，190.

[27] 杨茹，丁云，阚和庆. 大学生社会责任感的内涵、理论基础及现实意义探析 [J]. 思想理论教育导刊，2012 (11)：107-110.

[28] 姜丕之，汝信. 康德黑格尔研究：第1辑 [M]. 上海：上海人民出版社，1986：10.

[29] 刘川生. 社会责任感是创新型人才成长的核心素质 [J]. 中国高等教育，2012 (1)：4-7.

[30] BROCKHAUS R H. Risk Taking Propensity of Entrepreneurs [J]. Academy of Management Journal, 1980, 23 (3): 509-520.

[31] 丁栋虹，张翔. 风险倾向对个体创业意愿的影响研究 [J]. 管理学报，2016 (2)：229-238.

[32] 李海垒，宫燕明，张文新. 大学生的冒险性与创业意向的关系：感知的创业文化

的调节作用 [J]. 心理发展与教育, 2013 (2): 152-158.

[33] 尹俊, 黄鸣鹏, 王辉, 等. 战略领导者成就动机、冒险倾向与企业国际化 [J]. 经济科学, 2013 (3): 72-86.

[34] FERREIRA S, MORO M. On the Use of Subjective Well-Being Data for Environmental Valuation [J]. Environmental and Resource Economics, 2010, 46 (3): 249-273.

[35] BARON R M, KENNY D A. The Moderator-Mediator Variable Distinction in Social Psychological Research: Conceptual, Strategic, and Statistical Considerations [J]. Journal of Personality and Social Psychology, 1986, 51 (10): 1173-1182.

[36] 康乐. 大学社会责任理念与履行模式 [D]. 大连: 大连理工大学, 2012.

我国预算执行中超收问题分析及治理

范源源　陈宏宇

内容提要： 随着超收与超支规模的扩大，我国预算执行中的超收与超支问题引起广泛关注。本文整理了我国2000—2017年预算超收与超支的绝对规模和相对规模，梳理我国超收收入管理的相关法律法规与其实际分流情况，从预算执行的收入端与支出端分析我国预算超收收入的形成原因及问题，并据此提出预算超收治理的基本思路。

关键词： 财政超收；财政超支；超收率；超支率；倒逼机制；公共预算改革

一、引言

随着公共预算改革的逐渐深化，我国预算执行中的超收与超支问题引起了广泛关注。由于各种主、客观因素，一定程度的预算超收与超支的存在具有合理性，适量的财政超收有利于调动地方政府的积极性，削减赤字和降低财政风险，促进经济与社会的发展。针对可能的预算执行偏离，我国已经设立了预算周转金与预备费，在此情况下仍然出现长期的、大规模的偏离，则反映出预算执行乃至预算管理体制的一些问题，要加以注意。财政超收，一方面增加了政府成本，降低了财政资金的使用效益，对正常的预算执行进度产生了严重影响；另一方面还可能扭曲预算执行效果，大规模的财政超收往往形成财政超支，超收与赤字同时存在削弱积极财政政策的实际效果（李九领和王家驹，2013）。

自从分税制改革以来，财政超收规模不断扩大，且因为超收资金游离于预算管理之外，脱离人大监督的范畴，如果成为惯性，会弱化预算监督并且挑战预算法制的权威（高培勇，2008）。不断扩大的财政超收与超支引起了社会各界的广泛关注。本文整理了我国2000—2017年预算超收与超支的绝对规模和相对规模，分析超收收入的产生原因并提出治理对策。

作者简介： 范源源，西南财经大学财政税务学院税收学专业硕士研究生；陈宏宇，中国人民大学公共管理学院公共财政与公共政策专业硕士研究生。

二、我国预算超收与超支的现状分析

(一) 预算超收与超支的绝对规模分析

从我国财政收入与支出的预算执行结果看，财政收入与支出决算规模大于由全国人大审议通过的财政收入与支出预算规模的现象，就是预算超收和超支。2000—2017 年我国预算超收与超支的绝对规模，详见表 1。

表 1　　2000—2017 年我国预算超收与超支规模　　单位：亿元

年份	全国		中央		地方	
	超收规模	超支规模	超收规模	超支规模	超收规模	超支规模
2000	1 057.46	750.27	684.00	9.25	374.43	637.55
2001	1 626.00	1 545.00	749.73	-75.97	873.19	2 450.97
2002	899.00	899.00	374.00	343.00	551.00	582.00
2003	1 209.82	948.07	549.00	216.12	678.68	735.81
2004	2 828.19	1 713.50	1 291.12	288.99	1 533.14	1 423.88
2005	2 369.90	899.00	1 037.58	337.528 1	1 079.00	867.26
2006	3 336.82	2 049.35	1 971.85	466.40	464.97	1 582.95
2007	7 256.93	3 266.50	4 190.87	380.06	3 098.07	2 918.45
2008	2 844.35	1 806.66	1 095.21	1 503.21	1 785.79	1 704.34
2009	2 288.30	64.93	55.71	-45.42	2 232.59	-214.86
2010	9 171.51	5 344.16	4 428.47	1 670.82	4 743.04	5 403.43
2011	14 154.43	9 027.79	5 467.32	2 075.32	8 687.11	9 563.68
2012	3 653.52	1 652.97	255.23	-254.37	3 398.29	1 907.34
2013	2 579.64	1 966.10	138.48	-231.24	2 441.16	2 197.34
2014	840.03	-1 251.44	113.45	-435.93	726.58	-815.51
2015	-2 030.77	4 377.77	37.19	29.49	-2 067.96	4 347.62
2016	2 404.97	7 040.21	1 795.62	-451.15	609.35	7 491.36
2017	3 879.80	8 382.73	2 515.32	266.333	1 364.48	8 116.40

资料来源：根据 2000—2017 年《全国财政决算》中的数据整理计算得到。

从表 1 中的数据可以看出，我国预算超收与超支现象长期存在，引起人民的广泛关注。对表 1 中的数据进行描述性统计，结果如表 2 所示。

表 2　　2000—2017 年我国预算超收与超支规模描述性统计

variable	mean	sd	min	max
qgcsgm	3 353. 883	3 633. 449	−2 030. 77	14 154. 43
qgczgm	2 804. 587	2 891. 989	−1 251. 44	9 027. 79
zycsgm	1 486. 119	1 649. 735	37. 19	5 467. 32
zyczgm	338. 468 9	711. 724 2	−451. 15	2 075. 32
dfcsgm	1 809. 606	2 258. 743	−2 067. 96	8 687. 11
dfczgm	2 827. 778	2 978. 393	−815. 51	9 563. 68

从表 2 中的数据可以发现，2000—2017 年全国超收与超支规模的均值分别达到 3 353. 883 亿元与 2 804. 587 亿元，从标准差、最小值和最大值来看，我国超收与超支数额呈现不稳定的特征。比较中央和地方的超收与超支规模，可以看出，平均而言，地方的超收与超支数额高于中央，且波动更为剧烈。

（二）预算超收与超支的相对规模分析

由于超收与超支的绝对规模是名义数据，因此有必要引入预决算偏差度，衡量预算超收与超支占预算的相对比率。2000—2017 年我国预决算偏离度（包括超收率和超支率）的数据整理如表 3 所示。对表 3 中的数据进行描述性分析，详见表 4。

表 3　　2000—2017 年我国预决算偏离度　　单位:%

年份	全国		中央		地方	
	超收率	超支率	超收率	超支率	超收率	超支率
2000	8. 57	4. 96	9. 91	0. 17	6. 21	6. 11
2001	11. 02	8. 90	8. 90	−1. 30	12. 60	14. 69
2002	4. 99	4. 26	3. 51	5. 35	6. 91	3. 80
2003	5. 90	4. 00	4. 60	3. 00	7. 40	4. 30
2004	12. 00	6. 40	9. 34	3. 80	14. 80	7. 20
2005	8. 10	4. 26	6. 40	4. 00	7. 70	3. 50
2006	9. 42	5. 34	10. 23	4. 90	2. 88	5. 49
2007	16. 47	7. 02	17. 16	3. 44	15. 13	8. 04
2008	4. 86	2. 97	3. 37	4. 32	6. 65	3. 51
2009	3. 46	0. 09	0. 16	−0. 10	7. 35	−0. 35
2010	12. 41	6. 32	11. 64	3. 58	13. 22	7. 89
2011	15. 78	9. 01	11. 92	3. 82	19. 81	11. 50

表3(续)

年份	全国		中央		地方	
	超收率	超支率	超收率	超支率	超收率	超支率
2012	3.22	1.33	0.46	-1.34	5.89	1.81
2013	2.04	1.42	0.23	-1.12	3.67	1.87
2014	0.60	-0.82	0.18	-1.89	0.97	-0.63
2015	-1.32	2.55	0.05	0.12	-2.43	2.98
2016	1.53	3.90	2.54	-1.62	0.70	4.90
2017	2.30	4.30	3.20	0.90	1.51	4.91

资料来源：根据2000—2017年《全国财政决算》中的数据整理计算得到。

超收率(即预决算收入偏差度)=[(决算收入数-预算收入数)/预算收入数]×100%

超支率(即预决算支出偏差度)=[(决算支出数-预算支出数)/预算支出数]×100%

表4　2000—2017年我国预决算偏离度描述性统计分析　单位:%

variable	mean	sd	min	max
qgcsl	6.74	5.25	-1.32	16.47
qgczl	4.23	2.73	-0.82	9.01
zycsl	5.77	5.12	0.05	17.16
zyczl	1.67	2.56	-1.89	5.35
dfcsl	7.28	5.87	-2.43	19.81
dfczl	5.08	3.84	-0.63	14.69

综合分析表3与表4，全国、中央与地方超收率的均值均高于超支率，超收率的波动程度也高于超支率。无论是从绝对数额还是从相对偏差来看，预算超收均高于预算超支。因此，下文将重点分析预算超收收入的使用管理与分流情况，并探究其形成原因与解决机制。

三、我国超收收入使用的相关法律法规梳理与实际流向分析

（一）我国超收收入使用管理的相关法律规定梳理

1. 怎么用：是报备还是报批

以上分析表明，我国近二十年来形成了大规模的财政超收收入。关于财政超收收入使用的管理程序，我国1999年颁布的《全国人民代表大会常务委员会关于加强中央预算审查监督的决定》（以下简称《决定》）规定主要是“通报制”和“报告制”。《决定》第四条规定：“中央预算执行过程中，需要动用超收收入追加支出时，应当编制超收收入使用方案，由国务院财政部门及时向财政经济委员会和预算工作委员会通报情况，国务院应向全国人民代表大会常务委员会做预计收

入安排使用情况的报告。"

按照此项规定，通报的对象是财政经济委员会和预算工作委员会，由于其并非立法机关，因此仅提供意见和建议。因此，《决定》规定的"报告制"应该是"报批"，即政府部门动用超收收入追加支出时需要编制超收收入使用方法并提请全国人大常委会审批后支出。

然而，由于《中华人民共和国预算法》及其实施条例均未对超收收入使用管理做出具体的程序性规定，而且《决定》中也没有明确表示必须经过批准才能追加支出，因此现实情况更多的是"报备"，即地方政府追加支出后向上级部门与立法机关进行备案，超收收入在很大程度上游离于预算监督之外。

2. 用到哪里：超收收入分流的相关规定

我国超收收入主要用于追加支出（形成超支）、弥补赤字与调入预算稳定调节基金。

2007 年以前，我国的超收收入规模不断扩大，主要用于追加支出和弥补赤字。2007 年，时任国务院总理温家宝在《政府工作报告》中说，"中央财政拟从 2006 年超收的 2 573 亿元中，安排 500 亿元设立中央预算稳定调节基金，以更加科学、合理地编制预算，保持中央预算的稳定性和财政政策的连续性"。2007—2014 年，超收收入的流向包括追加支出、调入中央预算稳定调节基金与弥补赤字。在此期间，只有中央政府将财政收入调入预算稳定调节基金，而地方政府没有设立预算稳定调节基金，地方政府的超收收入流向仍然主要是追加支出与弥补赤字。

2015 年 1 月 1 日，《中华人民共和国预算法》（以下简称新《预算法》）开始实施。该法第六十六条规定："各级一般公共预算年度执行中有超收收入的，只能用于冲减赤字或者补充预算稳定调节基金。" 2018 年，财政部制定了《预算稳定调节基金管理暂行办法》。该办法第三条规定："各级政府财政部门负责提出预算稳定调节基金设置、补充和动用的具体方案，报经同级政府同意后，编入本级预决算草案或者本级预算的调整方案。" 该办法第四条进一步强调："一般公共预算的超收收入，除用于冲减赤字外，应当用于设置或补充预算稳定调节基金。" 因此，中央与地方各级人民政府的超收收入只能用于冲减赤字与补充预算稳定调节基金，从而切断了超支与超收的通道。

（二）我国超收收入的实际流向分析

从以上分析可以发现，我国预算执行中超收收入的使用管理与具体用途立法进程呈现出明显的滞后性，因此，有必要探究我国超收收入的实际分流情况，以分析其中存在的问题。

1. 超收与超支的"直通车"

无论是表 1 的绝对规模还是表 3 的偏差度，都可以发现超收与超支之间大体呈现出正向变动的关系。本文做出 2000—2017 年超收率与超支率的折线图，以便更清晰地看出两者变化的趋势（见图 1 至图 3）。

从图 1 中可以发现，全国财政超收与超支之间存在明显的同向变化关系，2009 年超收率与超支率均达到低点，2014 年超收率与超支率几乎为 0，2015 年后又出现抬头趋势。另外，值得注意的是，2014 年以前，超收率均高于超支率，2014 年以后，超支率则高于超收率。

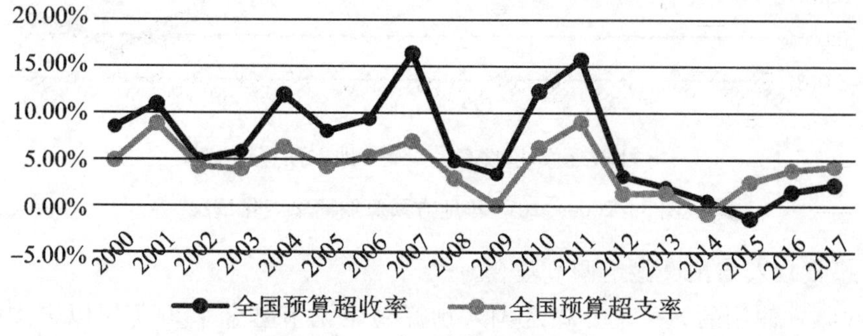

图 1　2000—2017 年全国预算偏离率变化情况

从图 2 中可以发现，中央财政超收与超支之间也存在一定程度的同向变化关系，但不如全国财政明显。2009 年超收率与超支率均几乎为 0，2009—2012 年先上升后下降，2012—2015 年超收率与超支率接近为零，2015 年后又出现抬头趋势。中央财政超收率与超支率波动较大，但超收率基本上一直高于超支率。

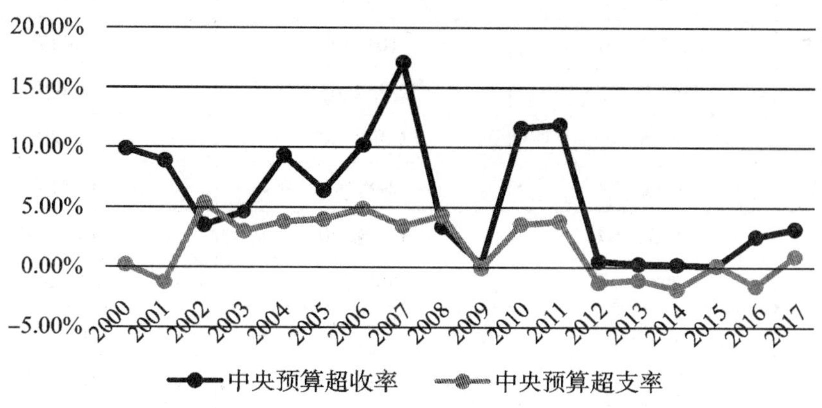

图 2　2000—2017 年中央预算偏离率变化情况

从图 3 中可以发现，地方财政超收与超支之间也呈现出明显的同向变化关系，与全国财政超收与超支变化趋势基本一致。地方超支率变化要先于超收率变化，2005 年、2009 年与 2014 年，地方政府超支率发生变化，超收率随之同向变动。2014 年以后，超支率高于超收率，一定程度上反映了地方政府的支出压力。

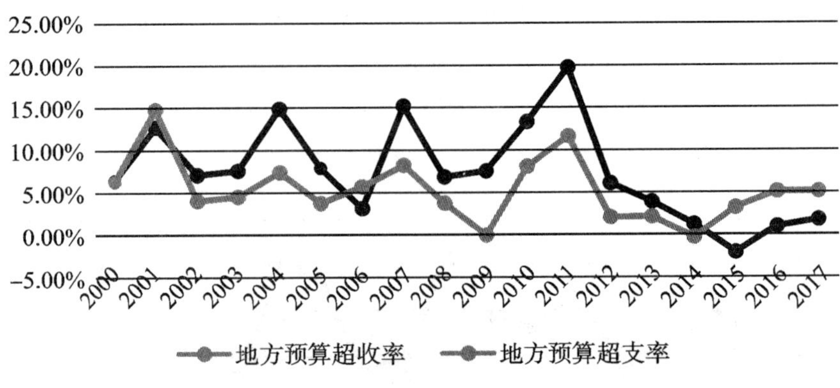

图 3 2000—2017 年地方预算偏离率变化情况

2. 超收收入与预算稳定调节基金

超收收入使用的另一个方式是调入预算稳定调节基金。2007 年以来中央预算稳定调节基金的规模整理如表 5 所示。

表 5 2007—2017 年我国超收收入与预算稳定调节基金 单位：亿元

年份	全国超收规模	中央预算稳定调节基金	中央预算稳定调节基金占全国超收收入的比例
2007	7 256. 93	1 032. 00	14. 22%
2008	2 844. 35	192. 00	6. 75%
2009	2 288. 30	101. 13	4. 42%
2010	9 171. 51	2 257. 65	24. 62%
2011	14 154. 43	1 500. 00	10. 60%
2012	3 653. 52	248. 92	6. 81%
2013	2 579. 64	1 206. 80	46. 78%
2014	840. 03	832. 34	99. 08%
2015	-2 030. 77	827. 53	-40. 75%
2016	2 404. 97	876. 13	36. 43%
2017	3 879. 80	3 175. 39	81. 84%

资料来源：根据 2007—2017 年《全国财政决算》中的数据整理计算得到。

2007 年至今，我国中央财政设立预算稳定调节基金，但地方政府未设立，因此中央预算稳定调节基金即为全国预算稳定调节基金。从表 5 中可以看出，2007—2012 年，中央预算稳定调节基金占全国超收收入的比例相对稳定，2013 年该比例上升近 50%，2014 年中央预算稳定调节基金与全国财政超收收入基本一致，2016 年该比例下降，2017 年该比例又达到 80%。总体而言，新《预算法》实施之后，预算稳定调节基金占超收收入的比例呈上升趋势。

3. 超收收入与财政赤字

超收收入的第三个分流是弥补赤字。本文收集了2010—2017年我国支出大于收入的差额，比较超收收入与财政赤字的规模。

从表6中可以发现，我国持续出现财政超收与财政赤字并存的情况。2010年和2011年全国和地方均出现超收规模超过财政赤字的情况；2011年以后，全国财政赤字远远高于超收规模，这与我国每年的经济形势与财政政策有很大关系。

表6　2010—2017年我国超收收入与财政赤字　单位：亿元

年份	全国		中央		地方	
	超收规模	财政赤字	超收规模	财政赤字	超收规模	财政赤字
2010	9 171.51	10 000.00	4 428.47	8 000.00	4 743.04	2 000.00
2011	14 154.43	8 500.00	5 467.32	6 500.00	8 687.11	2 000.00
2012	3 653.52	8 000.00	255.23	5 500.00	3 398.29	2 500.0 以 0
2013	2 579.64	12 000.00	138.48	8 500.00	2 441.16	3 500.00
2014	840.03	13 500.00	113.45	9 500.00	726.58	4 000.00
2015	−2 030.77	16 200.00	37.19	11 200.00	−2 067.96	5 000.00
2016	2 404.97	21 800.00	1 795.62	14 000.00	609.35	7 800.00
2017	3 879.80	23 800.00	2 515.32	15 500.00	1 364.48	8 300.00

资料来源：财政赤字根据2010—2017年一般公共支出决算表中支出大于收入的差额得到。

四、预算超收的问题及成因分析

（一）预算超收的问题分析

1. 降低预算约束力和法定性

从理论上讲，各年度的公共预算都是经过各级人大批准的，具有法律效力，这意味着各级行政机关应该在预算范围内执行，不得擅自改变。但是，由于经济发展和一些不可预测的偶发事件，决算适当的偏离预算是合理的。然而，如果总是不合理的超收，则会损害预算的约束力和法定性。

2. 影响公共支出的效率

在新《预算法》实施以前，政府的预算超收收入具有较大的自由裁量权，因此，这部分超收收入的用途具有随意性，无法做到统筹安排。此外，超收收入的使用往往要到每年10月份以后，就可能出现花不出去或者突击花钱等浪费财政资金的行为，从而影响公共支出的使用效率（卢凌波，2012）。在新《预算法》实施之后，超收收入除了冲减赤字以外，应当调入预算稳定调节基金，但是根据《国务院办公厅关于进一步做好盘活财政存量资金工作的通知》的规定，政府应合理控制预算稳定调节基金规模，预算稳定调节基金编制年度预算调入后的规模一般不超过当年本级一般公共预算支出总额的5%。超过5%的，各级政府应加大冲减赤字或化解政府债务支出力度。也就是说，对于财政收入充足、预算稳定调节基金规模较大的地方政府来说，5%的规模并不一定能很好地遏制年度突击花钱（李倩，2016）。

3. 增加公共财政运行风险

超收收入的最终归宿还是支出，为经济建设提供了经费保障，但是也可能增加我国公共财政的运行风险（李艳宾，2013）。预算超收收入最终要用于项目和人员的经费支出上，而这些支出有一定的刚性，这会导致下年度预算规模的扩大。由于超收收入的数量具有不确定性和不可预测性，从而可能会带来下年度财政赤字的大幅增长，带来公共财政运行的风险。

（二）预算超收的成因分析

预算执行过程中财政超收现象之所以长期存在，诚然客观误差难以避免，主观偏离同样也是预算执行偏离产生的重要原因。本文将主要从预算编制和预算执行两个方面分析我国预算超收收入的形成原因。

1. 影响预算编制准确度的因素分析

超收收入是预算执行结果与预算编制的偏离，所以预算编制的不准确会导致财政超收问题的出现。我国预算收入编制主要采用基数法的收入预测方式。戴柏华（2010）指出："收入预算编制，按照国内生产总值、居民消费价格指数等经济增长预期指标，参考各项税收和税基的对比关系与弹性系数，来测算各项收入；同时考虑到预算年度将要出台的增支、减收政策，合理确定财政收入增长幅度和收入规模。"根据我国预算编制的收入预测方式，预算编制主要以国内生产总值与税收计划为依据，并且受到预算年度的财政政策影响。

2. 预算执行过程分析

预算执行过程中客观情况与主观因素均可能导致财政超收。从客观情况来看，安秀梅（2005）提出，由于我国年度预算指标的制定尚未在财政政策目标与预算安排的可持续之间实现有机整合，在预算执行过程中，难免出现一次性、政策性、偶然性收入等超常规因素，从而形成超收收入。同时，经济周期波动也会对预算收入的筹集产生重大影响，政府会根据经济周期的波动实行相机抉择的财政政策，则很有可能形成超收收入。

预算执行过程中的主观因素对超收产生的影响同样不可忽视。由于超收资金游离于预算监督之外，甚至成为某些政府部门的"第二预算"，各级政府为追求更大的自由裁量权，可能在编制预算时出现刻意低估收入甚至鼓励超收的情况。在这种情况下，税务部门正常组织收入就会产生超收，而我国的压力型政府体制又带来税收计划的层层加码，加之税收征管体系不断完善，税收征收率不断提升。政府部门对自由裁量权的追求和税务征管水平的不断提高，都在很大程度上导致了财政超收现象的产生。此外，学界普遍认为我国财政超支会倒逼财政超收，尤其是新《预算法》实施以前，我国超收与超支之间存在“直通车”，各级政府的支出压力会促使其追求预算超收。尽管新《预算法》与《预算稳定调节基金管理暂行办法》等切断了超收到超支的路径，转而调入预算稳定调节基金与弥补赤字。预算稳定调节基金延迟了地方政府收入转化为地方政府支出的时间，但是如果超支的压力一直存在，还是会对超收收入形成倒逼。一方面是事权与支出责任划分改革滞后给地方政府带来的支出压力，另一方面地方政府预算编制需要遵照收支平衡原则。所以，地方政府编制预算时即使实际计算的结果是收入小于支出，也必须通过技术性处理使预算保持收支平衡，并在预算执行过程中通过其他征收手段弥补实际赤字，这都导致了财政超收收入。

五、预算超收与超支治理的基本思路

（一）推进财税体制改革

1. 推进政府间财政事权与支出责任合理划分

中央与地方财政事权和支出责任划分是理顺政府间财政关系的前提与基础，是推进国家治理体系和治理能力现代化的重要方面。2016 年以来，我国事权与支出责任划分取得实质性进展。2018 年，《基本公共服务领域中央与地方共同财政事权与支出责任划分改革方案》出台，中央与地方的基本公共服务领域财政事权与支出责任划分取得进展，进一步扩展其他领域财政事权与支出责任划分，并推进省以下事权与支出责任划分改革，在理顺事权与支出责任划分的前提下，建立分类分档转移支付，使得各级政府的事权与财权相匹配，减轻地方政府的支出压力，进而从财政体制上减少预算执行中的偏离。

2. 强化预算法制建设

我国预算执行过程中超收与超支现象的存在体现出预算法制建设的薄弱，治理预算执行过程中的超收与超支，应该上升到法律高度，提升立法层级，强化预算法制建设。首先，要加快推动预算法律体系建设，尽快出台新预算法实施条例及相关法律法规，使预算超收与超支治理有法可依。在此基础上，预算执行要做到有法必依、违法必究，强化预算约束。

（二）完善政绩考核机制

在预算执行的超收与超支治理中，完善政绩考核机制有利于减少地方政府对 GDP 的一味追求，建设服务型政府。目前我国急需转变发展方式，实现高质量发展。构建高质量发展指标，以此作为地方政府政绩考核的主要依据，将从根本上缓解地方发展型政府及其投资冲动带来的超收与超支问题。同时，完善政绩考核机制，有利于改变税收计划的层层加码甚至鼓励超收的现象，缓解各级政府在预算执行过程中的主观偏离因素。

（三）改进预算编制技术

改进预算编制技术，提高预测的精确度，有助于缩小预决算偏离度，减小预算超收与超支规模。预算编制过程中涉及大量复杂的技术方法，包括指标、模型等，合理修正预算编制方法，使得 GDP 增长预期和税收计划更贴近现实水平。同时，对于预算执行过程中的一次性、偶然性和政策性收入等超常规因素，适当引入超常规因素指标，赋权计算。

参考文献：

[1] 李九领，王家驹. 从财政超收管窥我国预算体制改革——基于修订《预算法》的视角 [J]. 财经界（学术版），2013 (16)：4-6，140.

[2] 孙玉栋，吴哲方. 我国预算执行中超收超支的形成机制及治理 [J]. 南京审计学院学报，2012，9 (4)：1-12.

[3] 戴柏华 .2010 年预算草案编制力争全面、细化和科学 [EB /OL]. (2010-03-07) [2011-03-03]. http：/ /news.Xinhua net.com /politics /2010-03 /07 /content_13115675_1.htm.

[4] 高培勇. 财政超收趋于常态化 预算机制形同虚设 [J]. 中国城市经济，2008 (2)：93.

[5] 安秀梅. 公共治理与中国政府预算管理改革 [M]. 北京：中国财政经济出版社，2005.

[6] 卢凌波. 预算稳定调节基金：财政储备还是预算调节 [J]. 财贸经济，2012 (12)：37-44.

[7] 李倩. 关于预算稳定调节基金的思考 [EB /OL]. (2016-05-24) [2018-09-28]. http://www.yueyang.gov.cn/sjj/8719/content_563332.html.

[8] 李艳宾. 我国公共预算超收问题分析 [J]. 财会月刊，2013 (22)：38-40.

“环评机构脱钩”背景下的市场发育与政府作为
——基于德尔菲法的问卷调查

李雅洁　李嘉仪

内容提要：本文以管理学中的德尔菲法为研究手段，观测环评改制中政府与市场之间的关系，认为环评改制之前政府和市场的失灵问题的确存在，但环评改制后政府失灵现象更容易发生，政府应继续加大增强监管力度和提高自身觉悟。市场失灵并不一定需要政府的参与，并且不当的政府政策会加剧政府失灵。

关键词：环评脱钩；政府与市场；德尔菲法

一、前言

近年来，随着国家对环保问题的重视程度不断增强，越来越多的目光也聚集在了“把环保隐患扼杀在摇篮”的环境影响评价技术服务市场上。《中华人民共和国环境影响评价法》中的法律条文明确了环境影响评价（后文简称其为“环评”）的精确定义：环境影响评价主要指对建设项目开展之后可能对环境造成的不良影响进行检测估计，提出减轻该影响的建议并进行追踪关注制度。自 1979 年起，环评制度在我国经历了漫长的发展过程（陈正想，2014；谭先银，2009；陈雳华，2017；王毅钊等，2017），该历程大致分为四个过程（牛春丽等，2011）（见表 1）。环境影响评价的流程大致为：建设项目负责单位要委托环评技术服务市场——环评机构，做出环境影响评价报告，俗称“本子”，报告送往政府部门——相应主管单位审批，召集有关专家评审，出具评审意见，得出是否同意建设的审批意见。

作者简介：李雅洁、李嘉仪，西南财经大学财政税务学院本科生。

表 1　　我国环评制度发展历程

时间划分	主要内容
过程一：规范建设（1979—1989 年）	试行《中华人民共和国环境影响评价法》 环评有关制度不断完善
过程二：提高（1990—1998 年）	实行《建设项目环境保护管理条例》，并做出了环评分类指导和开发区环评的规定，建设项目环评得到加强和完善
过程三：进一步提高（1999—2002 年）	陆续出台了一系列相关配套法规 环评工作质量继续提高
过程四：焕然一新（2003 年至今）	实行《中华人民共和国环境影响评价法》 出台《“十三五”环境影响评价改革实施方案》

资料来源：作者根据相关文献整理。

2015 年 3 月 20 日，环境保护部发布《全国环保系统环评机构脱钩工作方案》，目的是彻底实现环保系统中不存在任何环评机构，即环评机构脱钩。2016 年 7 月中旬，环境保护部发布《“十三五”环境影响评价改革实施方案》，至 2017 年初，通过取消、注销环评资质或自然人出资成立公司等形式如期完成脱钩工作。自此，环评技术服务市场彻底没有了“有背景”的环评机构。

环评改革之前，基于计划经济的背景，环评技术服务市场存在着较大的政府干预。一些政府主管部门下属的环评机构，参与环境影响评价报告的编制，进行着建设项目的事前环评审批，环保部门扮演着既是“裁判员”又是“运动员”的身份。这样的环评机构，实际上就是市场中的“红顶中介”。所谓“红顶中介”，是指与政府官员有千丝万缕、明里暗里的利益关系的中介机构（蒋国宏，2016）。从本质上讲，“红顶中介”现象就是一种腐败，它的存在很大程度上影响了政府的公信力，而且严重影响环评机构的客观中立。依据中纪委网站公布的巡视整改通报，环保部门被指出具有严重的“红顶中介”问题，易产生不当的利益输送关系。

环评体制改革，体现了我国从计划经济向市场经济的转换。在我国计划经济时期，行政审批是特有的、体现政府干预的环节，是计划时期的代表性特点。政府通过审批这个环节有效控制资源的配置，因而环评审批就成了有关政府部门最大控制权力，这也成了环评服务市场中计划经济的体现。市场和政府的关系由于改革发生了变动，这就更需要我们厘清在环评技术服务市场中政府和市场的定位与作用边界。

2007 年爆发的杭州环保系统腐败案，就是典型的环评机构与审批部门联合串通共同腐败的案例。杭州市各区县环保局将各自审批的环评业务介绍给杭州市环境科学院，以收取建设单位的高昂回扣。案件涉及杭州市 13 个区县，涉案人员超过 90 人，被追究法律责任的有 23 人，其中有政府部门处级干部 5 人、区县部门领导 9 人。为整顿市场乱象，“环评脱钩”的说法在 2008 年最早被提出，当时任职环境保护部副部长的潘岳就曾表示出一定要让环评机构脱离环保部门的背景，以去除环评审批中的不正当利益关系。直至2017年年初脱钩工作才彻底完成。业界舆论表示，环评脱钩持续了这么久，最主要的原因是有太多的利益回报，这反映了环评技术服务市场存在的严重问题。2014年，时任环境保护部副部长吴晓青也曾在会议上强调了在环评市场中构建公平、公开、公正的市场竞争秩序的重要性和加快具有政府背景的环评机构的脱钩改制进程的必要性。可见，环评机构改制工作不可或缺，势在必行。

在上述杭州环保系统的腐败案例中，杭州市的环评市场呈现病态，市场发育不完全。与此同时，也存在着政府失灵现象，腐败现象显而易见；并且政府的监管措施到位，并没有将腐败遏制在摇篮中，这是一种政府不作为的政府失灵。

在本次研究前期，我们首先对全国28个省份156个2015—2016年改制的环评机构进行了针对脱钩前后各机构与政府关系的变化、业务量变化、业务种类变化、市场竞争压力等要素进行电话采访，得到100份一手数据，经过量化分析，从中得到了环评脱钩改制的基本现状，结果如表2所示。

表2　电话采访结果　单位：个

	与政府关系疏远	业务量变化	业务种类	市场竞争压力	人员绩效工资
略微减弱	3	4	4	2	5
没有变化	18	7	1	29	14
略微增加	13	36	54	16	11
增加	54	7	15	33	47
大幅增加	3	44	20	4	2
数据缺失	9	2	6	16	21

资料来源：作者电话采访。

总体来看，各个方面的变化都是正向的。其中“与政府关系疏远”“业务种类”变化最为明显，有54%的环评机构与政府关系更加疏远，同时有54%的环评机构的业务量明显增加，这表明环评改制增大了环评机构的压力。2016年7月5日《中国环境报》报道，2013年广东省广州市番禺环境科学研究所有限公司在改制后不断拓展业务，积极参与竞争，在2015年，公司的业务量就达到了1 200多万元，相较于改制前翻了一番，产值更是增长了约39倍。在脱钩改制中，拥有优势技术力量的陕西中圣环境科技发展有限公司积极引进人才，优化激励机制，拓展省外业务，在改制首年就签订了超过1亿元的合同，实现净利润2 307万元。

我们与一家改制环评公司负责人和一家不涉及“脱钩政策”的环评公司负责人共两位采访对象进行了访谈交流，从公司负责人的角度了解到了更多看法。我们结合文献、电话调研和实地采访所得到的结果，设计组织了德尔菲（Delphi）法问卷研究，最终得到了15位专家的意见和看法。通过理论分析和实证调研，本文的结论有助于推动环评技术服务市场的进一步改革，并为此提供立论依据和政策参考。最后，本文聚焦环境技术服务市场，使用管理学的方法，细化于一个领域，应用问卷实证数据，分析政府与市场的关系，弥补了当前研究的空白。

二、文献述评

政府和市场的关系问题一直以来都是学者们研究的对象。从本质上来看，所有制的不同派生了政府与市场关系的论辩。正确认识政府与市场的关系需要明确政府和市场的定位与职能边界。黄庆杰（2003）详细讨论了20世纪90年代中国政府职能的转变历程，包括政府与市场和企业关系上面的调整。在现代市场经济中，政府的职能主要包括维护市场秩序、提供公共产品、调节收入分配和调控宏观经济四个方面（汪同三，2016；胡钧，2014）。在经济发展过程中，政府应该弥补好市场失灵，创建正常的市场竞争环境，起到辅助性的作用（张静，2001；胡钧，2014）。随着政府职能的改变，政府与市场的关系也在不断改变。桁林（2003）将政府与市场关系发展分为三个历史过程。首先，政府干预、阻碍了私人的经营活动，降低了市场效率；其次，政府由市场外部转向市场内部发挥作用，其经济功能不断变强；最后，政府职能从微观领域转到宏观视角。杜人淮（2006）基于政府与市场的作用特点和不同方式，提出了“相互替代、相互补充、完全排斥和共同失灵”这四种政府与市场之间存在的关联方式。

处理好政府与市场的关系，不可避免地要谈到市场失灵和政府失灵。市场失灵是指单凭市场机制的自发调节难以达到帕累托最优状态，即未能达到资源的最优配置状态。鲍金红和胡璇（2013）将市场失灵划分为三大类型：效率性市场失灵、公平性市场失灵和不成熟性市场失灵。黄新华（2014）指出，导致市场失灵主要是由不完全竞争、规模报酬递增、信息不完全、外部效应、公共物品这五个方面的因素所导致的。市场有调节失灵的时候，当然政府调节也有这种情况。萨缪尔森（1992）指出，当政府的政策或集体行动不能有效提高经济效率时，便导致了政府失灵。

政府与市场，孰强孰弱，是一个博弈的过程（唐显键和孙文，2018）。建设项目环境影响评价体系中，主要有政府、环评中介机构，即环评公司、科研院所和各大高校、建设单位、社会公众这四个利益主体。田建国（2009）和董永亮（2017）对其中每个主体内部和各个主体之间存在的复杂博弈关系、利益纠葛进行了探讨。党的十八大指出，经济体制改革的关键在于处理好政府与市场的关系，我们应更加尊重市场的规律，使政府更好地发挥应有的作用。许多学者也认为，在改革中处理好政府与市场的关系是至关重要的（胡钧，2014；汪同三，2016；姚凤阁、徐林实、李娟、周正，2014）。庞增安（2016）提到，从当前存在的具体问题出发，才能科学理解社会主义市场经济运行中政府与市场的关系。

同当前环评技术服务市场中的“脱钩改制”类似的改革在之前的行业协会和会计师事务所、资产评估事务所两个领域市场都有发生。改制的核心就是解决环评、协会、事务所等中介机构的“官办”性质（王加春和安心正，1995；王跃堂和陈世敏，2001；扎西，2008）。中介性服务机构挂靠政府部门有许多弊端，如中介性丧失、构成政府部门的创收渠道、引发不正当竞争、不利于提高行业水平等（王加春和安心正，1995）。贾西津和张经（2016）认为，行业协会商会的脱钩作为组织形式上的改革，根本目的是发挥行业协会商会在市场经济中的功能。同理，环评技术服务市场的脱钩改革，理应促进环评机构在市场经济中的作用。

环评改制的政策初衷体现了政府创建正常的市场竞争环境的目的。环评改制之前，政府对市场的干预影响了市场自身的效率，扭曲了市场；环评改制之后，政府更趋向于管理规范的角色。环评的本质是利用先进的技术和理论对建设项目的污染状况进行分析，并对其可能存在的污染提出改进方案。基于此，环评存在着非竞争性与非排他性，并且具有一定的自然垄断性质，但由于政府不可避免地会滥用职权、谋取私利，或出于某一目的维护某些集团利益，因而会出现政府失灵的情况。所以，环评理应全面市场化，发挥市场的规律和作用，但在此过程中政府需要维护其正常价格，采取一系列监管措施，并提高自身觉悟、杜绝腐败，以免导致市场失灵。对此，我们将通过问卷观测真实的环评“参与者”的态度与看法，对上述理论分析进行检验分析，看待环评机构脱钩背景下的市场发育与政府作为。在调查问卷中，讨论“环评脱钩的益处”将为我们分析环评脱钩前的市场失灵提供主要信息，讨论“环评脱钩中的弊端”将主要服务于研究环评脱钩前后的市场失灵，最后辅以“必要性”“改进措施”问题的讨论，以形成完整的逻辑链条。

三、研究设计

（一）研究方法

德尔菲法是1964年由美国兰德公司发明的以古希腊城市德尔菲命名的专家评估方法。德尔菲法是世界上使用频率最高、最权威的预测方法（王升，2011）。王少娜等（2015）指出，1988—2014年，应用德尔菲法构建指标体系的研究主要集中在医学、卫生领域，其次为经济领域和文化、科学、教育、体育领域。应用德尔菲法研究政府与市场的文献大都集中于政府的绩效评估方面（刘蕊等，2009；胡春萍等，2009；吴建南等，2011；叶朝辉等，2017）。德尔菲法是一种群体决策行为，方法实行过程中专家是匿名的，且结果便于统计，最终得到的结果以众多所选专家的专业知识、经验和主观判断能力为基础（刘伟涛等，2011），可信度较高。由于本次所研究的环评脱钩对环评技术服务市场所带来的改变这一问题缺少信息资料和历史数据，所以借助德尔菲法，基于参与专家的专业知识与经验判断，可以做到很好的定性分析。

（二）样本数目

关于德尔菲法所需的专家人数，现有文献均指出应根据研究课题的大小和具体情况进行选择，但对有关具体人数的说法莫衷一是。John. W（1995）在文章中指出参与德尔菲法的专家人数应为 10～25 人；刘倩等（2017）和伍琳、孙艳杰（2015）认为，一般确定的咨询专家人数应为 15～50 人；方曦和李娜（2012）却认为专家人数一般不超过 20 人。另外，已有应用德尔菲法进行的研究所组建的专家样本也多集中于 15 人上下。如北京大学公共卫生学院的于梅子等人在 2011 年进行的应用德尔菲法研究所采用的专家人数为 18 人，清华大学建筑建设管理系的周鹏等人所采用的专家人数为 17 人。因此，参与本次研究的专家数目可认为符合德尔菲法的要求。

（三）专家组成

参与本次研究的专家共有 15 位，包括 2 名高校教授，8 位改制公司人员，4 位不涉及“脱钩”政策的、原本就是第三方的环评公司人员和 1 位环境保护局审批科的工作人员。其中，2 名教授中一位来自复旦大学环境科学与工程系，研究领域涉及环境管理，并在相关领域的期刊上发表过多篇关于环评体系的论文；另一位来自西南财经大学，研究领域涉及公共经济学，与本课题研究的政府与市场的关系有较大的重合度，他们的主观看法可信度较高。12 名来自公司的人员分别为公司负责人、生态环境部公布的联系人、项目经理或职员（见表 3）。除高校教师外，参与调查的专家都有丰富的工作经验，都直接参与了“环评脱钩”政策改革，他们的主观判断可信度也较高。

表 3　专家组成人员

专家组成	专家身份背景	人数	人数合计
高校教师	复旦大学 环境科学与工程领域	1	2
	西南财经大学 公共经济学领域	1	
改制环评单位	生态环境部联系人	6	8
	公司负责人	1	
	工作人员	1	
环评机构	生态环境部联系人	3	4
	项目经理	1	
环保局相关部门	职员	1	1

资料来源：作者统计。

（四）指标体系的建立

本次研究构建的评价体系的思路为，首先定性分析“环评脱钩”的利弊；其次讨论“环评脱钩”政策的必要性，进而讨论“环评脱钩”的益处和存在的问题；最后讨论健全现有环评市场的策略。上述五个方面也是评价体系的一级指标。在一级指标之下，细化产生每个一级指标所对应的二级指标。指标评价体系采用李克特量表法，具体内容详见表4。

表4 问卷指标体系结构

一级指标	二级指标
1. 利弊分析	关于“环评脱钩”利大于弊这个说法，您是怎么认为的？
2. 必要性	①推动了国家“放管服”政策的实行
	②有利于反腐倡廉
	③促进了环评市场的“市场化”与健康发展
3. 益处	①环评报告书的编制效率提高
	②对环评公司而言，业务量和收益提高
	③对环评公司而言，业务范围扩大
	④对环评公司而言，员工素质、积极性提高
4. 存在的问题	①对环评公司而言，与上级部门关系正常化
	②市场上存在严重的“低价竞争”情况
	③对环评公司而言，工作压力增大
	④环评报告书审批时，审批人员“不专业”
	⑤专家库存在不健全的问题
	⑥工程师资格证存在挂靠问题
5. 健全现有环评市场的策略	①加强市场监管力度
	②环评公司应拓宽业务种类、积极应对竞争压力
	③环评公司应提高自身质量水平
	④政府部门应及时对审批的环评报告质量水平做出统计公示
	⑤相关部门应积极完善专家库
	⑥审批分为“政策性审批”和“技术性审批”，并明确责任
	⑦为了达到保护环境的目的，应加强验收以后的持续监管

（五）调查过程

应用德尔菲法进行调查时，需要参与专家对指标体系给出意见，调查者对结果进行回收处理，再将结果反馈给各位专家。专家根据第一轮结果及给出的原因重新思考自己的答案，给出第二轮意见，调查者对意见处理后进行反馈，如此循环，直到专家意见达到一致。在本次调查中，两轮结束后，选择性指标（一级指标1）的答案分布百分比并没有发生巨大的变动，并且大部分专家意见集中于一个选项，趋同性明显，因此可认为专家意见达到一致；对于打分性指标（一级指标2~5），两轮的分数排名没有发生巨大变化，且发生变化是由于第二轮加入了补充二级指标，进而发生排名递延，因此也可认为专家意见已经达到一致。加之问卷指标体系基于文献和事先的电话调研以及访谈，稳定性较强，所以，两轮过后可结束德尔菲法调查。

四、问卷分析

在环评脱钩的利弊分析中，大部分专家学者认为环评脱钩利大于弊，明确表示利大于弊的专家占比由第一轮的60%上升到66.67%，保持中立态度的专家占比由40%下降到11.11%，选择弊大于利的专家占比由40%下降到11.11%。大部分专家认可环评脱钩总体而言“利大于弊”。显而易见，更多专家在第二轮中阐明了自己的立场，弊大于利变化的人数更多，但是依旧有更多的专家选择利大于弊。

对于这样的变化，我们认为，利大于弊在两轮问卷结果中均排名第一，是因为调查对象中占比最大的是来自环评公司的专家，而环评改制推进市场化后各环评公司收益明显上升，所以对于利大于弊这一选项始终受到专家支持也可以理解。我们认为，这是因为环评改制后政府失灵加剧，即腐败现象加剧。某些专家对此现象极为反感，并且一些环评公司会因此失利，不论是因为当地政府没有接收其贿赂款还是自身拒绝行贿，他们对此反感是肯定的。具体结果见表5。

表5　环评脱钩“利弊分析”

选项	第一轮调查结果		第二轮调查结果	
	得分（分）	百分比（%）	得分（分）	百分比（%）
弊大于利（选项1、2）	0	0	2	22.22
中立（选项3）	3	40	1	11.11
利大于弊（选项4、5）	4.34	60	4.17	66.67

在环评脱钩的必要性上，从调查结果看，专家、学者对“环评脱钩促进了环评市场的‘市场化’与健康发展”的认同度较高，两轮得分均为第一。“推动国家‘放管服’政策的实行”与综合排名第一的选项差别不大。但“有利于反腐倡廉”显然得分较低，仅为3.22分，并没有得到专家、学者的普遍认可，而“只是在形式上避免‘红顶中介’”，平均分达到3.89分，认可度高于“有利于反腐倡廉”。

第二轮新加入的选项，只是在形式上为了避免“红顶中介”，得分较高，可以理解为，环评改制的主要目的是去除“红顶中介”，促进环评市场健康发展，这与调查结果吻合；与此对应的是，环评市场化后不能彻底避免“贿赂”“暗箱操作”，或是仍存在改制单位依然利用连带关系的情况，因此认为只是形式上避免了“红顶中介”问题。这与上一选项的结果相呼应，表明更多的寻租行为在环评改制后发生，即更多专家认为政府失灵现象加剧。具体结果见表 6。

表 6　　环评改制的必要性

选项	第一轮		第二轮		综合得分	综合排名
	得分	排名	得分	排名		
①推动了国家“放管服”政策的实行	4.00	2	3.67	3	3.83	3
②有利于“反腐倡廉"	3.33	3	3.11	4	3.22	4
③促进了环评市场的健康发展	4.07	1	4.07	1	4.07	1
④只是在形式上为了避免“红顶中介”			3.89	2	3.89	2

“对环评公司而言，业务量和收益提高”在益处分析中的得分最高，两轮结果均为第一，得到专家、学者的普遍认可。与此同时，“业务范围扩大”“经营状况改善”“业务量和收益提高”这三个选项的分值较高，差别不大；但“与上级部门关系正常化”“编制效率提高”及“员工素质提高”得分相对较低。总体而言，选项无显著变化，即专家认可度较高。可见，环评脱钩带来的影响是综合的，其益处也不会立刻显现，需要一个过程。具体结果见表 7。

表 7　　环评改制的益处

选项	第一轮		第二轮		综合得分	综合排名
	得分	排名	得分	排名		
①环评报告书的编制效率提高	3.53	4	3.13	5	3.33	5
②对环评公司而言，业务量和收益提高	3.80	1	3.67	2	3.73	1
③对环评公司而言，业务范围扩大	3.67	2	3.78	1	3.72	2
④对环评公司而言，员工素质提高	3.47	5	3.00	6	3.23	6
⑤对环评公司而言，与上级部门关系正常化	3.60	3	3.22	4	3.41	4
⑥积极参与市场化的环评公司经营状况改善			3.66	3	3.67	3

有关环评脱钩的弊端，选项最高分为 3.67 分，低于 4 分，证明环评脱钩的问题确实存在。值得注意的是，“市场上有更多的‘低价竞争’现象”这一选项在第二轮中明显上升。低价竞争是一种客观存在，并非专家的态度，而第二轮中其得分的明显上升说明有更多专家愿意表达真实看法，低价竞争现象确实存在。低价竞争是市场的正常行为，更低的价格总会吸引更多的消费者，但严重的低价竞争状况暴露了政府监管不到位，这给一些环评公司带来了苦恼。具体结果见表 8。

表 8 环评改制的弊端

选项	第一轮		第二轮		综合得分	综合排名
	得分	排名	得分	排名		
①对环评公司而言，与上级部门关系正常化	2.73	1	3.11	3	2.92	2
②市场上存在严重的“低价竞争”情况	2.20	5	3.56	2	2.88	4
③对环评公司而言，工作压力增大	2.53	3	3.67	1	3.10	1
④环评报告书审批时，审批人员“不专业”	2.40	4	2.67	5	2.53	5
⑤专家库存在不健全的问题	2.73	1	3.11	3	2.92	2
⑥工程师资格证存在挂靠问题	1.87	6	2.33	6	2.10	7
⑦政府部门审批和监管制度上仍有缺陷，没有优化			2.33	6	2.33	6

总体而言，专家更加重视政府的作用，而对于提高环评机构自身效率和环评审批的效率呼声最高，高于次高选项 0.24 分。但各个专家打分结果分布不均，与其所处具体环境紧密相连，因不与本文有密切联系进而不做探讨。

值得关注的是，在“对于健全当今环评市场的建议”这一选项中，与政府相关的选项得分均较高，而体现市场主动性的选项 2 得分最低，这证明专家仍然将改进环评市场的希望放在政府身上，这在逻辑关系上难以说通。可见，借助专家分析政府与市场的关系与定位问题的确知易行难。其结果见表 9。

表 9 对于健全当今环评市场的建议

选项	第一轮		第二轮		综合得分	综合排名
	得分	排名	得分	排名		
①加大市场监管力度	3.80	4	4.33	4	4.07	5
②环评公司应拓宽业务（种类、地区）、积极应对竞争压力	4.07	3	4.00	7	4.03	6
③环评公司应提高自身质量水平	4.27	1	4.27	5	4.27	4
④政府部门应及时对审批的环评报告质量水平做出统计公示	4.20	2	4.56	3	4.38	3
⑤相关部门应积极完善专家库	3.80	4	3.78	8	3.79	8
⑥审批分为“政策性审批”和“技术性审批”并明确责任	3.53	6	4.22	6	3.88	7

五、反思市场与政府的关系

(一) 专家对“市场失灵”的看法

在“环评改制的必要性”这一选项中，专家、学者对“环评脱钩促进了环评市场的健康发展”的认同度较高，两轮得分均为第一，得到专家、学者的普遍认可。对于“环评改制的益处”，“对环评公司而言，业务量和收益提高”这一选项综合得分居于首位。可见，环评脱钩前市场失灵是存在的，主要表现在并未能满足市场机制正常运行的要求，即各市场主体地位不平等；不仅如此，市场失灵还体现在两种主体的收入分配不均。

目前我国环评技术、方式都出现质的飞跃，环评市场不断完善成熟。但因环保系统内部的环评机构具有先天优势，既是“裁判员”又是“运动员”的身份，使建设单位趋之若鹜，使环评市场垄断趋势加剧，这是一种相较于自然垄断的“新型垄断”。在这种情况下，市场也会出现公平性市场失灵现象，即环评系统内部的环评机构因业务量多等原因，得到比非环保系统内部其他同等条件的环评机构更多的收入。加之“马太效应”的作用进一步拉大了收入水平的差距，产生了事实上的收入分配不公。

(二) 专家对“政府失灵”的看法

在对各选项进行补充说明时，很多专家都将矛头转向环评改制后的政府失灵。在对“环评改制的必要性”这一问题的看法中，有三位专家认为政府与市场之间的关系不会因为形式的变化而产生变化。其中一位专家明确表示：“脱钩对现在的市场并没有实质的改变”。另一位专家则表示：“环评脱钩或只是个形式，其效果是中性”。另外，三位专家认为环评改制会导致政府寻租行为愈演愈烈，并不利于反腐倡廉，“腐败进入了隐蔽战线”。对“环评改制的益处”这一选项，大部分专家没有进行文字性说明，有专家表示“钱的作用更大”。这也更加印证了环评改制后，以寻租现象为主要表现形式的政府失灵问题更加严重。

关于“如何健全现有环评市场的策略”，绝大部分专家认为环评企业，即环评市场的供应主体，应该努力拓宽业务，积极应对竞争压力；“完善审批制度，提升审批效率”这一选项则得到专家的一致认可，并有专家指出是环评亟须解决的根本问题。想要满足市场建设的需求，提高质量是最主要的，程序太过繁琐时，市场就会产生自发性，加速寻租现象的发生。想要改进政府失灵，抑制寻租现象主要靠的是公众参与、法治监察部门来完成。

六、结论

环评是保护环境的首要手段，但由于改革开放时的特殊经济环境，我国环保系统内部建立自己的环评机构，十分不利于市场发正常发育与政府作为。针对此现象，2015 年环境保护部下发通知要求环保系统内部的环评单位全部脱钩。对此，本文应用管理学中的德尔菲法，获得了全国范围内 15 位相关专家的意见与建议，在此基础上进行分析。“环评机构脱钩”背景下的市场发育与政府作为，即是市场与政府的定位与分工问题。

从两轮调查问卷的结果来看，环评改制前政府与市场失灵的问题是确实存在的，但在环评改制后，政府失灵的现象反而更容易出现。

环评改制，是我国摆脱计划经济，重建政府与市场关系缩影的改革缩影。在我国特色社会主义道路中，“政府与市场”两手都要硬，但政府除了弥补市场缺陷外，更多的应该为经济和社会的整体发展起到规划、规范作用，即“看不见的手”需要在“看得见的手”的呵护下发挥作用。但是，当政府的干预为必需时，就必然要有相应的法律政策出台，加以预防控制。

参考文献：

[1] 包存宽. 环境影响评价制度改革应着力回归环评本质［J］. 中国环境管理，2015，7（3）：33-39.

[2] 保罗·A. 萨缪尔森，威廉·D. 诺德豪斯. 经济学［M］. 高鸿业，等译. 北京：中国发展出版社，1992.

[3] 鲍金红，胡璇. 我国现阶段的市场失灵及其与政府干预的关系研究［J］. 学术界，2013（7）：182-191+311.

[4] 陈雳华，韦彦斐，朱英杰. 浅谈我国规划环评制度改革的对策建议［J］. 环境与可持续发展，2017，42（4）：30-32.

[5] 陈正想. 刍议环境影响评价中的不足及其完善探索［J］. 资源节约与环保，2014（6）：106-107.

[6] 邓苏，张维明，黄宏斌，等. 决策支持系统［M］. 北京：电子工业出版社，2009.

[7] 董永亮. 环评中政府、企业和公众三者的利益协调探讨［J］. 低碳世界，2017（25）：265-266.

[8] 杜人淮. 论政府与市场关系及其作用的边界［J］. 现代经济探讨，2006（4）：67-70.

[9] 方曦，李娜. 基于德尔菲法的企业生产计划协同决策模式研究［J］. 商业时代，2012（5）：82-84.

[10] 桁林. 政府与市场关系理论及其发展［J］. 求是学刊，2003（2）：44-49.

[11] 胡春萍，孟凡蓉，Richard Walker. 中国地方政府绩效评估信息来源的现状——基于德尔菲法的研究［J］. 情报杂志，2009，28（10）：10-14，27.

[12] 胡钧. 科学定位：处理好政府与市场的关系［J］. 经济纵横，2014（7）：9-12.

[13] 胡钧. 正确认识政府作用和市场作用的关系［J］. 政治经济学评论，2014，5（3）：3-15.

[14] 胡钧. 政府与市场关系论［J］. 当代经济研究，2013（8）：22-30.

[15] 黄庆杰. 20世纪90年代以来政府职能转变述评［J］. 北京行政学院学报，2003（1）：34-39.

[16] 黄新华. 从市场失灵到政府失灵——政府与市场关系的论辩与思考［J］. 浙江工商大学学报，2014（5）：68-72.

[17] 贾西津，张经. 行业协会商会与政府脱钩改革方略及挑战 [J]. 社会治理，2016 (1)：99-105.

[18] 蒋国宏. "红顶中介"的整治与我国社会中介组织的健康发展 [J]. 理论导刊，2016 (2)：25-28.

[19] 刘康利. 正确处理好我国政府与市场的关系 [J]. 现代经济信息，2017 (14)：6-7.

[20] 刘倩，张怀亮，许昌春，等. 基于德尔菲法构建痤疮患者健康教育核心内容体系 [J]. 中国中西医结合皮肤性病学杂志，2017，16 (6)：510-514.

[21] 刘蕊，刘佳，吴建南. 中国地方政府绩效评估结果使用现状——基于德尔菲法的研究 [J]. 情报杂志，2009，28 (10)：19-23.

[22] 刘伟涛，顾鸿，李春洪，基于德尔菲法的专家评估方法 [J]. 计算机工程，2011，37 (S1)：189-191+204.

[23] 牛丽春，肖燏杰，陈磊. 我国环境影响评价的研究进展及存在问题 [J]. 四川有色金属，2011 (1)：45-48.

[24] 庞增安. 社会主义市场经济中政府与市场关系的发展逻辑 [J]. 南通大学学报(社会科学版)，2016，32 (2)：99-106.

[25] 沈永东，宋晓清. 新一轮行业协会商会与行政机关脱钩改革的风险及其防范 [J]. 中共浙江省委党校学报，2016，32 (2)：29-37.

[26] 谭先银. 我国环境影响评价制度完善研究 [D]. 重庆：西南政法大学，2009.

[27] 唐显键，孙文. 政府与市场关系研究文献综述 [J]. 现代商业，2018 (17)：173-174.

[28] 田建国. 建设项目环境影响评价中利益相关者博弈分析 [D]. 济南：山东师范大学，2009.

[29] 童克难. 环评机构脱钩试水市场竞争 [N]. 中国环境报，2016-07-05 (009).

[30] 汪同三. 如何处理好政府与市场的关系 [J]. 新金融，2016 (12)：13-16.

[31] 王加春，安心正. 关于中介性服务机构与政府部门脱钩的若干问题探讨 [J]. 注册会计师通讯，1995 (7)：17-19.

[32] 王少娜，董瑞，谢晖，等. 德尔菲法及其构建指标体系的应用进展 [J]. 蚌埠医学院学报，2016，41 (5)：695-698.

[33] 王升. 高校本科教学团队建设水平评价指标体系的构建研究 [D]. 南京：南京农业大学，2011.

[34] 王毅钊，张玉环，许乃中，等. 地级市环评审批制度创新研究 [J]. 环境科学与管理，2017，42 (3)：1-5.

[35] 王跃堂，陈世敏. 脱钩改制对审计独立性影响的实证研究 [J]. 审计研究，2001 (3)：2-9.

[36] 吴建南，刘佳，Richard M Walker. 地方政府绩效评估中的利益相关者与绩效数据——基于德尔菲法的研究 [J]. 华东经济管理，2011，25 (4)：152-156.

[37] 吴晓青. 深化环评体制改革 推动管理转型 [J]. 环境与发展，2014，26 (6)：5-6.

[38] 伍琳，孙艳杰. 德尔菲法简介及在护理学中的应用现状 [J]. 护理研究，2015，29 (29)：3599-3601.

[39] 姚凤阁，徐林实，李娟，等. 经济转型期市场决定与政府调控关系界限研究——“全国经济学博士后论坛”综述 [J]. 经济研究，2014，49 (9)：187-191.

[40] 叶朝辉，牟晓云，于方坤. 地方政府绩效评价指标体系设计方法研究 [J]. 时代金融，2017 (23)：23-24.

[41] 于梅子，纪颖，唐芹，等. 应用德尔菲法构建公众健康传播材料筛选指标体系 [J]. 中国健康教育，2011，27 (4)：278-281.

[42] 扎西. 环评机构将与环保部门完全脱钩 [J]. 资源与人居环境，2008 (23)：50-51.

[43] 张静. 论市场失灵与政府干预的逻辑联系 [J]. 重庆广播电视大学学报，2001 (2)：35-37

[44] 周鹏，张红，谢娜，等. 基于主成分分析和德尔菲法的房地产投资环境综合评价体系 [J]. 中国土地科学，2010，24 (12)：58-63.

[45] MURRY J W, HAMMONS J O. Delphi：A versatile methodology for conducting qualitative research [J]. The Review of Higher Education，1995，18 (4)：423-436.

安徽省农村最低生活保障支出的地区差异

左新艳　杨良松

内容提要：本文以安徽省为例，通过查找2009—2016年安徽省各市农村最低生活保障支出、财政支出的数据，同时将安徽省划分为皖南、皖中、皖北三大区域，使用泰尔指数及区域分解和数据对比两种方法，得出以下结论：安徽省最低生活保障支出在2008—2016年逐年上升，地区间差距有逐渐增大的趋势，差距主要来自区域内差距，其中皖中和皖南的贡献率较大。皖北地区农村最低生活保障支出占财政支出的比重最高，皖中总体处于中间，皖南最低。皖北和皖中地区人均最低生活保障支出的增长速度几乎一致，皖南最低生活保障支出的增长速度较为缓慢，小于皖中和皖南。

关键词：泰尔指数；区域分解；财政支出；人均农村最低生活保障支出

一、导论

（一）研究背景

农村最低生活保障制度是保障农村贫困群体基本生活水平的最后一道安全防线，对维持社会稳定等方面是非常重要的。最低生活保障支出作为我国社会保障支出的核心内容之一，其公平性是我们一直追求的目标。但是，在不同的地区，最低生活保障支出的差异化还是很大。

国内学者大多是研究社会保障支出的省际差异以及与中央转移支付之间的相互关系，使用各省城乡社会保障支出、财政支出、人均GDP、中央对社会保障支出的转移支付等数据，运用基尼系数、泰尔指数等方法，得出东、西部之间的社会保障支出有很大差异。接下来，笔者将借鉴文献中的泰尔指数、基尼系数的分析方法及结论来分析安徽省农村最低生活保障的地区差异。

作者简介：左新艳，西南财经大学财政税务学院本科生；杨良松，西南财经大学财政税务学院财政系主任，硕士生导师。

（二）研究意义

1. 为什么研究最低生活保障支出的地区差异

（1）社会保障体系是保障和改善民生，调节收入分配，缩小收入差距，维护社会公平、和谐稳定的基本社会制度。在社会保障事业迅猛发展的同时，制度的不完善和碎片化以及保障水平的地区差异问题日益严重。最低生活保障支出作为我国社会保障支出的核心内容之一，其相关问题也是不容忽视的。

（2）农村最低生活保障支出是保障贫困群体基本生活和维持社会安全稳定的最后一道安全线，是贫困民众所必需的一种公共服务。党的十八届三中全会报告中指出："建立更加公平可持续的社会保障制度，推进公共服务的均等化，实现发展成果更多更公平惠及全体人民；确保社会既充满活力又和谐有序。"因此，农村最低生活保障支出作为一种公共服务，其公平及差异化程度是我们需要思考的。

（3）在经济高效发展的同时，了解农村最低生活保障支出的地区差异产生的原因，政府可以通过政策调整来缩小差异，实现效率和公平。

2. 为什么研究安徽省的地区差异

（1）安徽省经济发展落后，有 19 个国家级贫困县，最低生活保障支出作为减少贫困人数的最基本手段在安徽省是非常受重视的，政府出台了很多政策来脱贫。

（2）安徽省虽然整体经济发展水平不高，但是在不同的地区最低生活保障支出也同样有很大差异。最低生活保障支出作为财政支出的一部分是和当地经济人均 GDP 以及消费水平等有很大关系的，对于不同地区的差异是值得探究的。在经济不断发展的过程中，财政农村最低生活保障支出是怎样变化的呢？是否符合瓦格纳原则呢？

（三）内容安排

本文选择安徽省的 16 个地级市进行分析，从人均受保金额、低保支出占人均 GDP 的比重、财政支出的比重等几个角度来进行绝对数和相对数对比，找出不同地区的差异，并分析得出差异化支出的原因及影响。

二、最低生活保障支出地区差异分析

（一）安徽省最低生活保障支出水平概况

从图 1 可以看出，安徽省最低生活保障支出在 2009—2016 年内逐年上升，但是由于曲线的斜率基本逐渐减少，说明增长速度在逐年变慢。

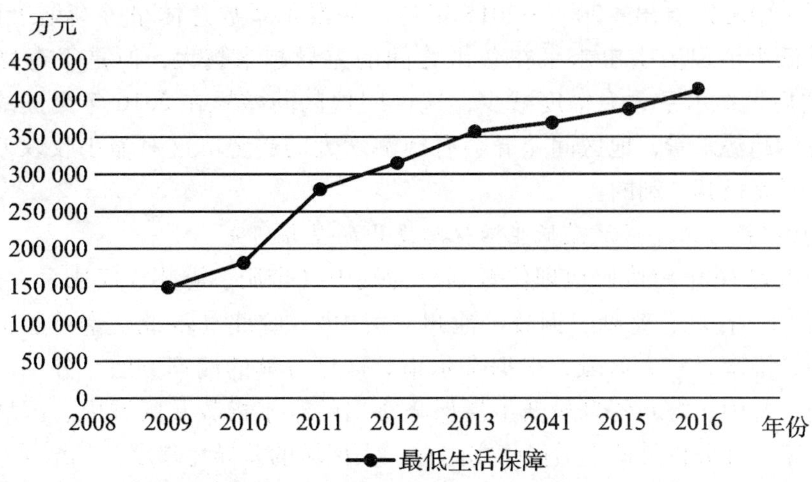

图 1　安徽省最低生活保障支出在 2009—2016 年的概况

（二）安徽省最低生活保障支出的市际差异分析

根据 2009—2016 年安徽省 16 个市最低生活保障支出，利用泰尔指数的测算公式得出 16 个市的泰尔指数，测算结果如表 1、图 2 所示。

表 1　2009—2016 年安徽省各市最低生活保障支出的泰尔系数

年份	2009	2010	2011	2012	2013	2014	2015	2016
泰尔系数	0.002 5	0.003 1	0.005 1	0.013 0	0.016 7	0.029 0	0.026 3	0.010 3

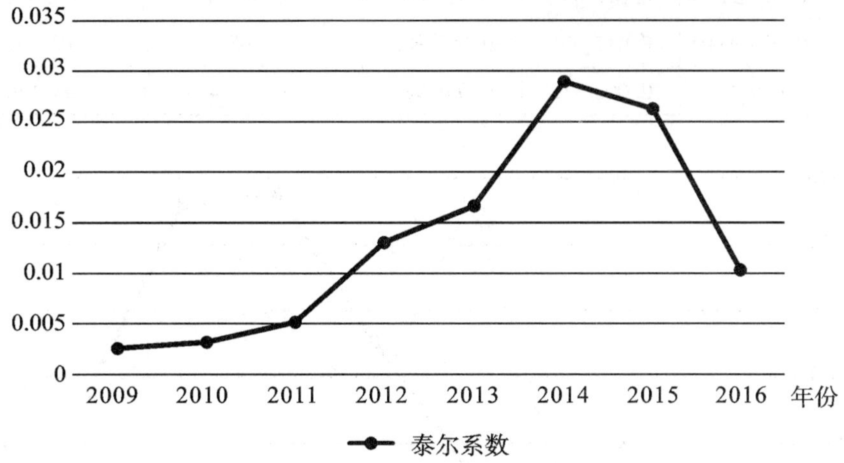

图 2　2009—2016 年安徽省各市的泰尔指数

从表 1 中可以看出，各市最低生活保障支出的泰尔系数在 2009—2015 年是逐年增大的，这说明地区间最低生活保障支出水平的差异是越来越大的。但是各市在 2011—2014 年泰尔系数大幅上升，地区差异越来越大。

从图1中可以看出，2009—2015年各市的泰尔系数总体呈逐渐增大的趋势，这说明最低生活保障支出水平在各市之间的差异越来越大，但是很奇怪的是在2015年之后，泰尔系数大幅度减少，这说明地区间差异在2016年突然缩小。不过，从总体趋势来看，地区间差异会有逐渐增大的趋势。这对缩小收入差距、促进社会公平是极其不利的。

（三）安徽省三个区域最低生活保障支出的差异研究

将安徽省16个市按照地理位置划分为皖中（合肥、滁州、安庆、六安）、皖南（马鞍山、宣城、芜湖、铜陵、池州、黄山）、皖北（淮北、亳州、宿州、阜阳、蚌埠、淮南）三大区域，根据泰尔指数区域分解的测算方法，分别测算出安徽省皖南、皖中、皖北各自最低生活保障支出的泰尔指数及区域内、区域间分解值和贡献率，并分析最低生活保障支出在三大区域的差异化程度。其结果见表2和图3。

表2　2009—2016年安徽省农村最低生活保障支出泰尔指数的区域分解

	皖中	皖南	皖北	区域内贡献率(%)	区域间贡献率(%)
2009	0.000 750	0.005 436	0.001 179	89.371 6	10.628 4
2010	0.002 268	0.008 458	0.000 834	94.501 4	05.498 6
2011	0.003 180	0.002 186	0.003 474	81.652 9	18.471 0
2012	0.004 038	0.024 580	0.005 424	88.511 7	11.883 1
2013	0.013 865	0.008 550	0.007 523	82.608 1	17.391 9
2014	0.024 910	0.016 063	0.013 061	83.981 6	16.018 4
2015	0.023 994	0.015 001	0.007 982	80.508 2	19.491 8
2016	0.009 872	0.008 822	0.008 989	96.313 4	03.176 9

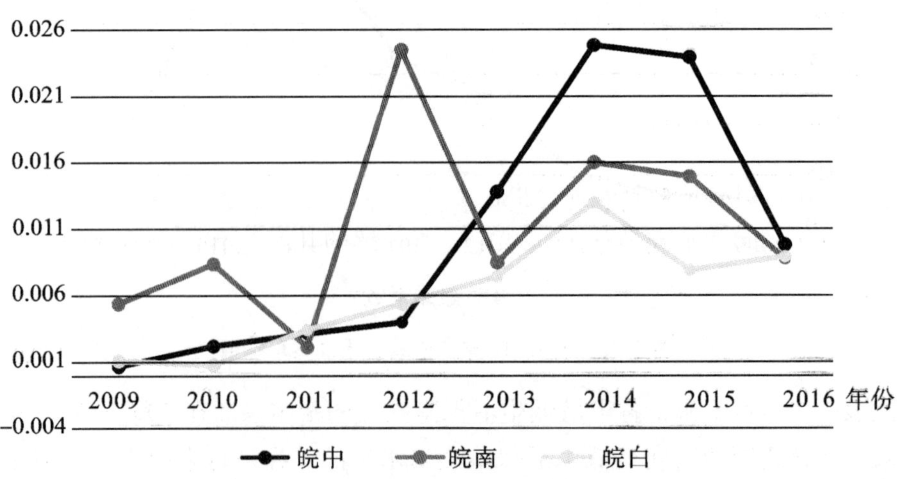

图3　2009—2016年安徽省三大区域的泰尔指数

从表2中可以看出，区域内贡献率一直在80%以上，这说明安徽省最低生活保障支出的市际差异主要来源于区域内差异。皖中、皖南、皖北的最低生活保障支出的泰尔指数均未超过0.1，这说明皖南、皖中、皖北的最低生活保障支出差异还是比较小的。

从图3中可以看出，皖北的最低生活保障支出的泰尔系数基本处于最小状态，这说明安徽省最低生活保障支出的市际差异主要来自皖南和皖中的内部差异。皖南内部的泰尔指数处于一直波动的状态，在2013年以前一直是最大值，皖中的泰尔指数有上升的趋势，并且在2013年达到最大值。但是，皖南、皖中、皖北三大地区的内部泰尔指数在2014年开始均有下降的趋势，并且在2016年达到几乎相等。同时，由图1中可知，总体而言，泰尔指数在2016年有大幅下降的趋势，是否会在以后继续下降还是有所上升并不好预测。

（四）安徽省最低生活保障支出占财政支出的比重的差异分析

根据2009—2016年各市财政支出、最低生活保障支出，得出各区域最低生活保障支出占各区域财政支出的比重。其结果如图4所示。

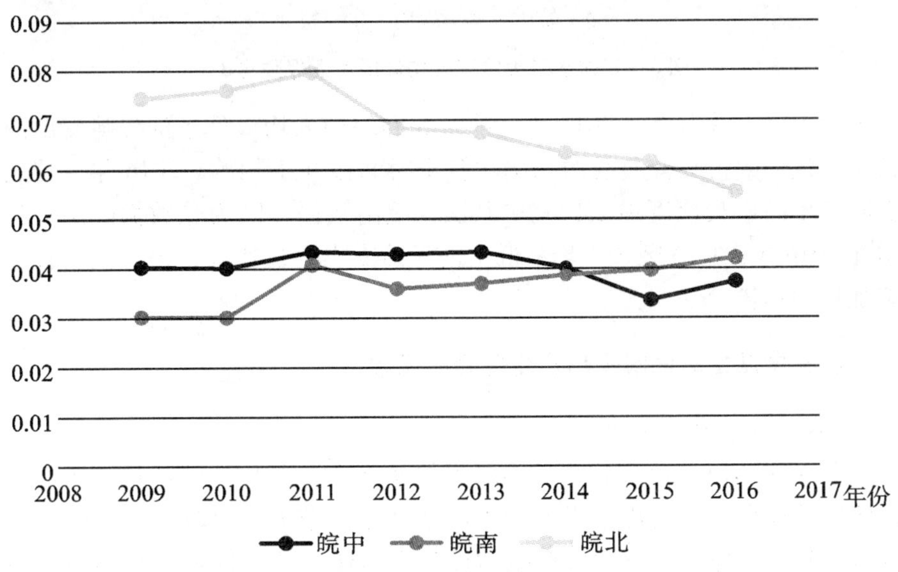

图4　安徽省最低生活保障支出占财政支出的比重

从图4中可以看出，皖北地区最低生活保障支出占财政支出的比重目前最高，皖中总体处于中间，皖南最低。这和我们所理解的其实是有很大差异的。在经济发展落后的皖北，财政总支出会比皖中、皖南低很多，所以相比较而言，皖北最低生活保障支出占财政支出的比重就有可能最高。但是皖北在这八年来最低生活保障支出占财政支出的比重呈逐年下降的趋势，逐渐向皖中和皖南靠拢，这可能与经济迅速发展有关。而皖中和皖南一直处于稳增长和波动状态。按照这个趋势，在往后三大区域可能最低生活保障支出占财政支出的比重将有可能达到接近相等状态。

（五）安徽省三大区域人均最低生活保障支出的差异分析

根据 2009—2016 年安徽省各市人均最低生活保障支出，绘制图 5。

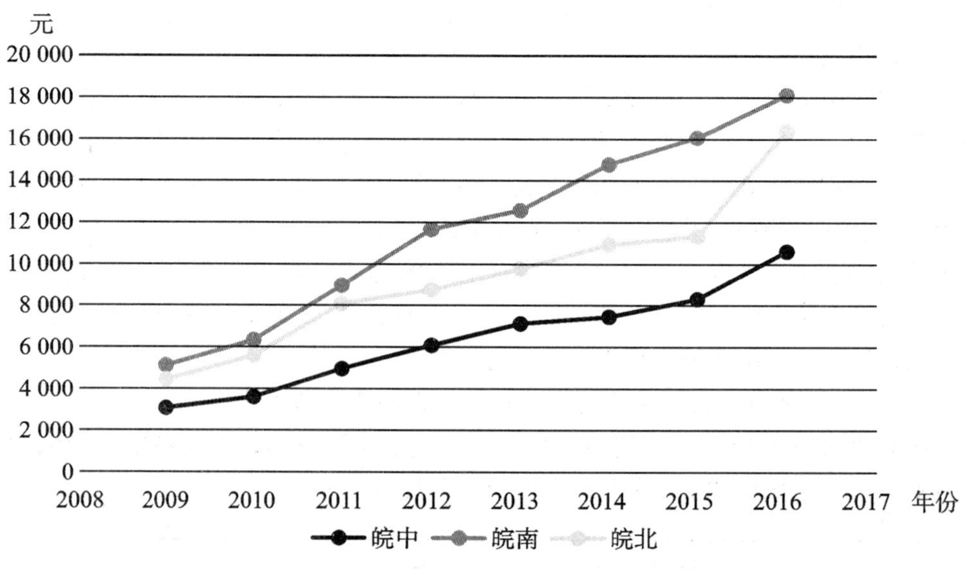

图 5　安徽省三大区域人均最低生活保障支出

从图 5 中可以看出，在 2015 年之前皖北和皖中人均最低生活保障支出的增长速度几乎一致，因为二者曲线的斜率在各个时间段几乎相等。2016 年，皖北最低生活保障支出的增长速度最快，皖中其次，皖南最慢。因为受数据限制，我们无法知道在 2016 年以后各区域人均最低生活保障支出增长速度，但是其增长速度都有逐渐加快的趋势。

三、农村最低生活保障支出产生差异的原因

（一）经济发展水平不同

杨红燕等（2014）研究指出，经济发展水平、工业化、城镇化、老龄化等一系列影响财政社会保障支出水平的因素的地区差异越大，财政社会保障支出的地区差异也会越大。那么，农村最低生活保障支出作为社会保障支出的核心内容之一，其地区差异肯定与经济发展水平等有很大关系。对于经济发展较好的皖中地区，区域内的差异比皖北要大，所以区域内泰尔指数较大。而对于经济发展水平较低的皖北地区，因为皖北的六个市人均 GDP 都比较低，因此在最低生活保障上的财政支出不会有很大差异，所以区域内泰尔指数较小。由此可以证明经济水平对最低生活保障支出地区差异有一定的影响。

（二）政府相对规模的差异

政府相对规模的地区间差异与财政最低生活保障支出的地区间差异可能有关。政府相对规模对于财政最低生活保障支出的影响可能在于，政府相对规模越大，政府工作人员占总人口数的比例越大；政府公共服务提供水平越高，该省份社会

保障财政投入的绝对水平和相对水平也会越高。最低生活保障支出作为社会保障支出的重要部分，支出水平也会越高。但是，当政府规模很大、冗员过多的时候，就会出现政府规模较大但是服务水平不高的情况，违背了刚才的结论。所以，政府相对规模对最低生活保障支出的影响不是绝对的，要根据政府的实际服务水平来决定。

四、最低生活保障支出的地区间差异的影响因素

（一）居民幸福感

最低生活保障支出保障的最主要的是贫困者的生活，当社会底层居民的生活慢慢好起来，整体居民幸福感自然会上升。当然，这个解释很狭隘，毕竟居民幸福感不仅包括物质方面还有精神方面，但是在物质生活不能满足的时候，恐怕精神需求无从谈起。

（二）当地的经济发展

我们在前面说经济发展水平会影响最低生活保障支出，其实严格来讲二者是相互影响、相互制约的。最低生活保障作为一种非常特殊的公共服务是有很强的正外部性的，因而农村低保保障的并不只是每一个人，而是每个家庭乃至整个社会，因此对经济发展是有间接影响的。

五、结论与反思

（1）安徽省农村最低生活保障支出在2009—2016年这八年来一直在增长，但是增长速度在逐年变慢，低于人均GDP增长速度。这说明安徽省的农村最低生活保障支出还是比较落后的。

（2）安徽省2009—2016年这八年来农村最低生活保障支出的地区差异有逐年增大的趋势，其差异主要来自区域内差异，其中皖南、皖中的区域内贡献率更大些。

（3）最低生活保障支出占财政支出的比重在不同区域是不同的，在皖北地区有逐渐下降的趋势，而在皖南、皖中处于波动状态。这可能与区域经济发展水平有关。

（4）皖北和皖中人均最低生活保障支出的增长速度几乎一致，而皖南最低生活保障支出的增长速度较为缓慢，低于皖中和皖南的增长速度。

我国是农业大国，农村人口占全国人口的65%左右，但是农村社会保障制度非常不完善，实质上农民抗风险能力最弱，也是最需要社会保障的群体。因此，中央应该加大对农村最低生活保障支出的投入，完善农村社会保障制度，努力缩小最低生活保障支出的地区间差距。同时，安徽省政府应该提高农村最低生活保障的比重，缩小收入差距，提高居民幸福感，保证社会经济的稳定发展。

参考文献:

[1] 陈建东，马骁，秦芹. 最低生活保障制度是否缩小了居民收入差距 [J]. 财政研究，2010 (4): 62-65.

[2] 陈文美，李春根. 城市最低生活保障各级财政支出均等化效应研究——基于泰尔指数分解检验 [J]. 社会保障研究，2017 (1): 40-48.

[3] 李凤月，张忠任. 我国财政社会保障支出的中央地方关系及地区差异研究 [J]. 财政研究，2015 (6): 51-58.

[4] 彭海艳. 我国社会保障支出的地区差异分析 [J]. 财经研究，2007 (6): 90-100.

[5] 杨红燕，谢萌，肖益，等. 财政社会保障支出省际差异的影响因素分析 [J]. 统计与决策，2014 (18): 141-143.

[6] 殷金朋，赵春玲，贾占标，等. 社会保障支出、地区差异与居民幸福感 [J]. 经济评论，2016 (3): 108-121.

地方税收竞争、外商投资对辖区环境污染的影响分析
——基于四川省主要城市的实证研究

邓秋越　吴欣宜

内容提要：在我国经济快速发展产生的诸多负面问题中，环境污染问题一直饱受公众关注。本文以地方税收竞争作为切入点，加入外商投资对环境污染的影响，选用2007—2015年四川省18个主要城市的面板数据进行实证分析，试图探讨税收竞争、外商投资以及二者交叉作用对辖区环境污染的影响。研究结果表明：对液体污染物而言，地方税收竞争和外商投资在一定程度上会减少地区工业废水排放量，二者交叉作用会增加工业废水排放量；对气体污染物而言，地方税收竞争外商投资会增加工业 SO_2 排放量，二者交叉作用会减少工业 SO_2 排放量；地方环境治理投入与环境污染物排放呈负相关关系。

关键词：税收竞争；外商投资；环境污染；环境治理

一、引言

改革开放以来，我国经济保持了40年的高速增长，40年我国GDP年均增幅达到9.6%，是世界同期平均增幅的三倍多，被称为“增长奇迹”。

国内外学者对我国经济飞速增长原因一直进行着不懈研究，近年来经济学家们开始关注我国经济和政治制度对经济增长的重要影响。众多研究表明，我国政治集权下的财政分权给地方政府提供了发展经济的动力，官员晋升的锦标赛模式进一步刺激了地方官员提升当地GDP的热情。在“中国式财政分权”的经济增长背景下，我国经济高速增长的同时，各种负面问题也在长期积累，其中环境污染问题更是日益严峻，不仅制约经济发展，而且破坏人类生存和可持续发展目标。进入21世纪以来，国内环境污染程度不断加重，废水排量逐年增加，大气二氧化硫含量居高不下，城市雾霾愈演愈烈。

作者简介：邓秋越，西南财经大学财政税务学院税收学专业本科生；吴欣宜，西南财经大学财政税务学院投资学专业本科生。

随着政治经济学和制度经济学的发展，学者们开始从政府角度分析环境污染的成因，并有研究指出，地方政府为吸引外商投资、发展地方经济而进行的税收竞争对地方环境状况有着重要影响。因为税收是政府主要的收入来源，所以税收竞争成了地方政府竞争最主要的方式。在政绩考核的激励下，地方政府往往会以税收优惠或者财政补贴等手段降低实际税率，甚至不惜以资源高消耗和环境破坏为代价来吸引外商投资。

那么，地方政府之间的税收竞争究竟是"趋劣竞争"还是"趋优竞争"？地方税收竞争吸引外商投资的成效如何？地方税收竞争和外商投资引起环境污染的作用机理是什么？二者是否存在加重环境污染程度的交叉作用？本文在已有研究的基础上，考虑到不同物理形态污染物的不同扩散性和流动范围以及区域样本自然生态条件的客观差异性，选取四川省 18 个主要地级市作为样本，分别研究工业二氧化硫和工业废水污染情况，以探讨税收竞争和外商投资对地方环境污染的影响机制以及二者的交叉作用对地方环境污染的影响。

二、文献综述

长期以来，国内外学者围绕税收竞争对环境污染的影响进行了大量研究。

国外学者在"趋劣竞争"还是"趋优竞争"问题上的结论比较一致，即大多数人认为地方政府间的税收竞争会导致环境污染的"趋劣竞争"。Cumberland（1981）研究发现，地方政府为吸引投资会竞相放松环境质量监管，以降低企业社会成本，环境质量在破坏性税收竞争的影响下越来越差。Wilson（1999）与Rauscher（2005）指出，在缺乏必要的监督与约束机制的制度环境下，地方政府为了增加本级政府税基，会倾向于直接放松环境管制或者降低环境污染排放标准，从而使环境污染状况愈加严重。Cremer 和 Gahvari（2004）研究发现，降低企业所得税会增加污染物的总排放量，增加污染物排放税又会减少其总排放量，环境污染的最终结果取决于上述力量之间的均衡。Levinson（2004）从企业角度进行研究，认为排污企业面对某地较高的环境标准时，往往会选择标准较低的其他地区，使得前者环境质量变好，而环境管控不严格的其他地区环境质量下降。

国内对税收竞争与环境污染的理论研究较少，主要侧重实证分析，研究结论虽不尽相同，但大多数印证了国外学者的结论。不少学者选取了我国各省的面板数据进行研究。崔亚飞和刘小川（2010）从不同税种及其设置的角度进行分析，指出我国省级政府更注重对工业固体废弃物和废水的治理，而忽视了对大气污染物的监管与治理；刘洁（2013）和张宏翔（2015）考虑了污染物的外溢性，其回归结果显示，地方税负的降低促进了当地工业废气排放量的增加；贺俊（2016）研究发现，以税收优惠来衡量的税收竞争强度与环境污染呈正相关关系，指出财政分权和税收竞争都会加剧环境污染，并且二者相互作用会加强对环境污染的影响作用，表现为明显的"趋劣竞争"；李香菊（2017）研究发现，地方政府税收征管效率越高，环境污染程度越低，而地方宏观税负越高，环境污染越严重。

对于FDI对东道国环境污染的影响，国内外学者们对“污染天堂”和“污染光环”两种对立的假说长期争论不休。Duaetal（1997）指出，若东道国为吸引外商投资而降低环保标准，不仅会加重本国环境污染，而且对原本绿色减排的企业不公平，甚至会对其节能减排产生负激励作用。Letchumanan 和 Kodama（2000）则认为，FDI具有技术外溢性，节能减排的新技术和新设备会对东道国企业产生示范作用，从而提高环境质量。沙文兵（2006）通过面板数据的回归分析得出，FDI对环境污染有显著的正向影响，会增加地方工业废气排放量，且呈现出明显的“东高西低”的梯度特征。郭红燕（2008）强调FDI虽然在总体上能通过优化经济结构、提高技术水平改善环境，但一定程度上也会因扩大经济规模而增加工业污染排放量。包群（2010）同样认为生产规模的扩大会加剧地区环境污染。

三、实证策略

（一）提出假设

1. 税收竞争与环境污染

税收是政府主要的收入来源，税收竞争则成为地方政府吸引企业投资的主要方式，主要表现为税收优惠竞争，降低纳税企业的实际税收负担和社会成本，从而吸引资本、技术及劳动力的流入，扩大税基，提高经济绩效。在环境保护方面，地方政府往往会对高产值、高利税但高污染的企业放松排污监管，降低环境污染排放标准。所以，地方税收竞争不仅会削弱税收矫正环境污染外部性的作用，降低环境治理效果，而且会加重辖区污染程度，导致环境进一步恶化。

由此提出假设1：地方税收竞争力越强，环境污染程度越高。

2. 外商投资与环境污染

根据Copeland和Taylor提出的“污染避难所”假说，在国际资本流动的背景下，发达国家的跨国公司面临着本国境内严格的环境管制和高昂的排污成本，往往选择将污染密集型的产业建造在劳动价格低廉、环境标准低、对外商降低排污费和监管力度的发展中国家。所以，从一定程度上来说，外商投资力度和地方环境污染程度呈正相关关系。

由此提出假设2：外商投资力度越大，环境污染程度越高。

3. 交叉作用

在财政分权的制度背景下，地方政府拥有独立的财政收支权和各自的利益诉求，围绕经济增长形成了以资本为核心的经济增长模式。综合假设1和假设2不难得出，地方税收竞争和外商投资均会加重地方环境污染程度，而以税收优惠和宽松排污管制为主要手段的税收竞争会进一步降低高污染外资企业的进入门槛，所以二者的交叉作用会加重辖区环境污染程度。

由此提出假设3：税收竞争和外商投资的交叉作用会进一步加重环境污染程度。

（二）变量设置和样本数据

1. 被解释变量

liq，SO_2：环境质量指标。环境污染物一般按物理形态不同，分为固体污染物、液体污染物和气体污染物，也就是固体废弃物、废水和废气。其中，废水和废气与固体废弃物相比，流动性强、污染范围广、易渗出或泄露，是环境污染治理的重点。另外，根据已有研究，地方政府对不同污染物的治理可能采取“骑蹊跷板”策略，所以，本文将工业液体和气体污染物纳入研究范围。同时，本文是在地方经济发展的前提下对环境污染相关评价指标进行分析，故选用单位工业产值产生的污染物排放量作为环境污染指标。其中，废气排放以其主要污染物二氧化硫含量作为衡量指标。

2. 解释变量

tax：税收竞争。采用地区历年宏观税负来衡量地方政府之间的税收竞争状况，即财政税收收入总额占 GDP 的比重。

fdi：外商投资。采用地区历年外商直接投资额占 GDP 的比重来衡量。

3. 控制变量

sec：产业结构。采用地区第二产业增加值占 GDP 的比重来衡量。

trade：对外开放程度。采用地区进出口总额占 GDP 的比重来衡量。

city：城市化水平。采用地区城镇人口数量占总人口的的比重来衡量。

pgdp：经济发展水平。采用地区人均 GDP 来衡量。

reno：环境治理投入。采用地区节能环保支出占公共财政支出的比重来衡量。

gre：城市绿化状况。采用建成区绿地覆盖率来衡量。

4. 样本选取与数据来源

四川省是我国西部地区重要的经济中心，地区生产总值、投资、消费等多项经济指标均占整个西部地区的20%左右，综合竞争力居西部之首。2000 年以来，四川省 GDP 和财政税收收入一直保持高速增长，是西部十省中经济总量最大且财政税收收入最多的省份。同时，四川省境外投资增长较快，2017 年引进到位国内省外资金 9 977 亿元，实际利用外资 586 亿美元，在川落户的境外世界 500 强企业 235 家，居中国中西部第一。但近十年来，四川省环境污染程度也在不断加重，尤其是大气污染状况。

本文样本由 2007—2015 年四川省 18 个主要地级市的面板数据构成，其中甘孜、阿坝、凉山 3 个少数民族自治州因为统计数据不完整而被剔除。本文所有数据主要来源于《中国统计年鉴》《中国城市统计年鉴》《四川统计年鉴》以及各地级市的统计年鉴，数据包括 2007—2015 年四川省 18 个主要地级市的生产总值、财政税收收入、进出口总额、外商直接投资额、工业废水排放量、工业二氧化硫排放量、节能环保支出等。

（三）变量描述性统计

相关变量的描述性统计详见表 1。

表 1　　变量描述性统计

	liq	SO_2	tax	fdi	sec	trade	city	pgdp	reno	gre
均值	51. 890 1	5. 202 72	3. 735 56	0. 860 56	52. 687 5	5. 700 43	40. 999 6	2. 457 72	3. 014 57	36. 583 5
中位数	31. 515 0	2. 895 00	3. 640 00	0. 385 00	52. 530 0	2. 860 00	39. 345 0	2. 255 00	2. 830 00	38. 040 0
最大值	362. 820	31. 790 0	7. 710 00	7. 620 00	75. 860 0	36. 860 0	71. 470 0	7. 510 00	9. 670 00	46. 420 0
最小值	3. 050 00	0. 250 00	1. 290 00	0. 020 00	22. 770 0	0. 270 00	23. 000 0	0. 560 00	0. 380 00	17. 710 0
标准差	58. 489 3	5. 979 97	1. 400 26	1. 247 94	9. 002 77	7. 167 88	9. 754 91	1. 385 92	1. 367 29	4. 651 11

四、计量模型选择与实证结果

（一）构建模型

考虑到假设中地方税收竞争和外商投资对环境污染的交叉影响，模型除了以 tax、fdi 作为主要解释变量以外，还加入了税收竞争和外商投资的交叉项 $tax \times fdi$，进一步考察二者对环境污染的作用和影响。因此，本文构建的对地方税收竞争、外商投资对辖区环境污染影响的计量分析模型如下：

$$liq_{it} = \alpha_0 + \alpha_1 tax_{it} + \alpha_2 fdi_{it} + \alpha_3 tax_{it} \times fdi_{it} + \alpha_4 sec_{it} + \alpha_5 trade_{it} + \alpha_6 city_{it} + \alpha_7 pgdp_{it} + \alpha_8 reno_{it} + \alpha_9 gre_{it} + \mu_{it}$$

$$SO_{2it} = \beta_0 + \beta_1 tax_{it} + \beta_2 fdi_{it} + \beta_3 tax_{it} \times fdi_{it} + \beta_4 sec_{it} + \beta_5 trade_{it} + \beta_6 city_{it} + \beta_7 pgdp_{it} + \beta_8 reno_{it} + \beta_9 gre_{it} + \varepsilon_{it}$$

其中，变量的下标 t 表示不同的观测年份（2007—2015 年），i 表示不同的地级市；α_0 和 β_0 分别为两个面板模型的常数项；μ_{it} 和 ε_{it} 分别为其残差项。

（二）回归结果分析

1. 工业废水污染

如表 2 所示，在工业废水排放量的回归方程中，税收竞争的系数符号为负，说明地方政府间的税收竞争是“趋优竞争”，会显著减少地区工业废水的排放量。外商投资的符号为负，表示外商投资在地方投资建厂会降低地区工业废水的排放量，并且与外商投资力度呈显著负相关关系，与“污染光环”假说相符。对此，可运用“污染光环”假说加以解释，即对外开放程度越高、中外往来贸易交流越多的地区吸收了更多节能减排的新技术，技术外溢效应降低了该地区的工业废水污染程度。而税收竞争和外商投资的交叉项与工业废水排放量呈正相关关系，这与本文假设 3 相符。

表 2　　工业废水与税收、外商投资等相关因素的线性回归结果

变量	系数	标准差	T 统计量	P 值
C	−1. 083 216	52. 993 38	−0. 020 441	0. 983 7
TAX	−10. 099 74	5. 294 832	−1. 907 471	0. 058 3

表2(续)

变量	系数	标准差	*T* 统计量	*P* 值
FDI	−30. 710 48	16. 457 80	−1. 866 014	0. 064 0
TAX×FDI	5. 120 280	2. 740 039	1. 868 689	0. 063 6
SEC	−0. 238 503	0. 799 934	−0. 298 153	0. 766 0
TRADE	−1. 075 661	1. 103 567	−0. 974 713	0. 331 3
CITY	2. 030 982	1. 226 978	1. 655 272	0. 099 9
PGDP	−15. 769 62	6. 894 475	−2. 287 284	0. 023 6
RENO	−13. 939 10	3. 537 895	−3. 939 943	0. 000 1
GRE	0. 751 144	1. 030 615	0. 728 831	0. 467 2

此外，地区城市化水平会加重工业废水污染，而地区经济发展水平和环境治理强度会减少工业废水排放量，且影响比较显著。其原因在于迅速增长的城市人口急剧扩大了城市水、电、气、暖的供给需求，增加资源消耗负担的同时，也制造了更多的环境污染物。而经济发达的地方政府一般比经济水平较低的地方政府拥有更多财政收入，可支配的节能环保治理资金越多，对地方工业废水污染的治理力度越强。同理，地方节能环保支出在公共财政支出中的占比体现了地方政府对环境治理的重视程度，与环境污染物排放呈负相关关系。

2. 工业废气污染

如表 3 所示，在工业 SO_2 排放量的回归方程中，地方宏观税负和外商投资的符号为正，表示地方政府间的税收竞争以及外商投资在地方投资建厂会增加地区工业 SO_2 的排放量，并且与外商投资力度呈显著负相关关系，与本文假设 1 和假设 2 均相符。而税收竞争和外商投资的交叉项与工业 SO_2 排放量呈负相关关系，不符合本文的假设 3。该结果还与气体污染物本身的性质或者检测技术的局限性有关，工业 SO_2 较之工业废水和固体废弃物更易扩散，会随气流稀释转移至周边地区，有较强的负外部性。由于这种负外部性的存在，地方政府和企业对于工业 SO_2 排放的监管和治理力度不及工业废水，一定程度上了助长了工业 SO_2 排放量。

表 3　　工业废气与税收、外商投资等相关因素的线性回归结果

变量	系数	标准差	T 统计量	P 值
C	14. 684 94	4. 529 203	3. 242 279	0. 001 5
TAX	0. 226 255	0. 452 535	0. 499 972	0. 617 8
FDI	7. 279 855	1. 406 604	5. 175 483	0. 000 0
TAX×FDI	−1. 025 760	0. 234 184	−4. 380 147	0. 000 0
SEC	−0. 216 289	0. 068 368	−3. 163 591	0. 001 9

表3(续)

变量	系数	标准差	T统计量	P值
TRADE	−0.012 893	0.094 319	−0.136 692	0.891 5
CITY	0.031 869	0.104 867	0.303 900	0.761 6
PGDP	−0.554 194	0.589 252	−0.940 503	0.348 5
RENO	−1.444 910	0.302 374	−4.778 545	0.000 0
GRE	−0.138 120	0.088 084	−1.568 056	0.118 9

地区产业结构会加重工业 SO_2 排放。其原因在于第二产业污染较严重，其增加值在地方 GDP 中的占比越高，说明该地区越注重发展工业。地方政府为了追求经济效益，往往会对高污染但高利税的工业企业和外资企业减小环境监管力度，加大地区工业 SO_2 排放量。与工业废水排放量的回归结果相同，地区环境治理强度也会减少工业 SO_2 排放量。此外，根据本次回归结果，城市绿地覆盖率与工业废水排放量呈负相关关系，由于植被光合作用净化空气的特殊性，城市绿地和植被的增加会起到生态治理作用，在一定程度上会降低环境污染，符合预期。

五、结论

本文以地方税收竞争作为切入点，加入外商投资对环境污染的影响，选用2007—2015年四川省18个主要城市的面板数据，分别研究工业二氧化硫和工业废水污染情况，试图探讨税收竞争和外商投资对地方环境污染的影响机制以及二者的交叉作用对地方环境污染的影响。最终研究结果如下：

（1）对液体污染物而言，地方税收竞争和外商投资在一定程度上会减少地区工业废水的排放量，税收竞争是“趋优竞争”且“污染光环”假说成立；而税收竞争和外商投资的交叉作用会增加工业废水排放量。

（2）对气体污染物而言，地方税收竞争外商投资会增加工业 SO_2 排放量，并且与外商投资力度呈显著正相关关系，税收竞争是“趋劣竞争”且“污染天堂”假说成立；而税收竞争和外商投资的交叉作用会减少工业 SO_2 排放量。

（3）地方环境治理投入体现了地方政府对环境治理的重视程度，与环境污染物排放呈负相关关系。

参考文献：

［1］周黎安. 中国地方官员的晋升锦标赛模式研究［J］. 经济研究，2007（7）：36-50.

［2］崔亚飞，刘小川. 中国省级税收竞争与环境污染——基于1998—2006年面板数据的分析［J］. 财经研究，2010，36（4）：46-55.

［3］刘洁，李文. 征收碳税对中国经济影响的实证［J］. 中国人口·资源与环境，2011，21（9）：99-104.

［4］张宏翔，张宁川，匡素帛. 政府竞争与分权通道的交互作用对环境质量的影响研究

[J]. 统计研究, 2015, 32 (6): 74-80.

[5] 贺俊, 刘亮亮, 张玉娟. 税收竞争、收入分权与中国环境污染 [J]. 中国人口·资源与环境, 2016, 26 (4): 1-7.

[6] 李香菊, 赵娜. 税收竞争如何影响环境污染——基于污染物外溢性属性的分析 [J]. 财贸经济, 2017, 38 (11): 131-146.

[7] 沙文兵, 石涛. 外商直接投资的环境效应——基于中国省级面板数据的实证分析 [J]. 世界经济研究, 2006 (6): 76-81, 89.

[8] 郭红燕, 韩立岩. 外商直接投资、环境管制与环境污染 [J]. 国际贸易问题, 2008 (8): 111-118.

[9] 包群, 陈媛媛, 宋立刚. 外商投资与东道国环境污染: 存在倒 U 型曲线关系吗? [J]. 世界经济, 2010, 33 (1): 3-17.

[10] CUMBERLAND J H. Efficiency and Equity in Interregional Environmental Management [J]. Review of Regional Studies, 1980, 2 (1): 1-9.

[11] WILSON J D. Theories of Tax Competition [J]. National Tax Journal, 1999 (2).

[12] RAUSCHER M. Economic Growth and Tax Competition Leviathans [J]. International Tax and Public Finance, 2005 (4).

[13] CREMER H, GAHVARI F. Environmental taxation, tax competition, and harmonization [J]. Journal of urban economics, 2004, 55 (1): 21-45.

[14] LEVINSON A. A Note on Environmental Federalism: Interpreting Some Contradictory Results [J]. Journal of Environmental Economics & Management, 2004 (3).

[15] DUA A, ESTY D C. Sustaining the AsiaPacific Miracle: Environmental Protection and Economic Integration [J]. Peterson Institute for International Economics 1997, 30 (1): 150-152.

元代市舶则法变迁分析及启示

顾　童

内容提要：元代海外贸易规模空前，相关的税收规定——市舶则法趋于完备，为当前进出口贸易税制的完善提供了借鉴。元代市舶制度较宋代更加完善，主要体现在制定于公元1293年的《至元市舶则法》和修订于公元1314年的《延祐市舶则法》。《至元市舶则法》包括23个条例，涵盖市舶抽分比例、舶商使用公文、特殊群体规定以及处罚规定。元代市舶法规不是一成不变的，随着社会形势与对外贸易情况而变化。《延祐市舶则法》在市舶抽分税率、对权贵的规定、出口货物限制范围等方面对《至元市舶则法》做出了修订。本文通过文献实证法，对至元法与延祐法原文条例做了分析，探索了元代市舶则法变迁路径。

关键词：元代；海外贸易；市舶则法

一、引言

元朝作为一个少数民族入主中原的王朝，是中国历史上版图最大的一个王朝，经济管理于封建时代独树一帜，别开生面。在内部经济方面，对商业、手工业放任发展，听民自为；在对外经济方面，元代君主大体上都鼓励海外贸易发展。中亚、东北亚、南洋、欧洲、非洲等各国商人从海陆两路与元朝开展广泛的国际贸易，其开放式的动态管理特征尤为明显，当时的泉州、广州、庆元地区更是成为世界闻名的开放口岸。

元代的海外贸易与唐宋相比，取得了重大发展。这不仅表现在海外贸易的范围和规模更加扩大，而且表现在元代形成了针对海外贸易管理相对完整的市舶制度。元代至元时期和延祐时期分别颁布了一部市舶则法，两部法规不仅对市舶制度做出了详细的规定，而且规定了市舶司的职责以及市舶征收的手续，更有缉私与反腐败细则，是比较完备的综合性古代海关法。元世祖至元三十年（公元1293年）制定的《市舶抽分则例》中写道："市舶司的勾当，是国家大得济的勾当。"市舶制度的制定对元代经济的影响程度可见一斑。

作者简介：顾童，西南财经大学财政税务学院硕士研究生。

元代对外贸易规模空前，针对海外贸易的市舶则法更是现存出现最早的完备的海关法。元代市舶课制度的制定与执行和当时的社会背景不无关系。随着社会的发展，元代市舶则法又经历了怎样的变迁，与当前税收制度的完善有什么启示，这样的问题需要进一步分析。

通过元代两部市舶则法，对元代海外贸易中的重大税收制度——市舶制度源流深入探索，展现出元代海外贸易的阶段性和不平衡性，元代海商的构成及其经营形态。两部法规既有实体法则法（如市舶抽分和舶税规定），又有程序法则法，还有符合元代特定背景的特殊规定。不仅将元代当朝市舶则法的前后变化做出了详细比较，而且与宋代、现代税制做了比较，为现代税制提出了依法立税的税收思想和征管方面的要求。

二、文献综述

由于元朝是我国历史上通过海路对外贸易最繁荣的朝代之一，且其完备的市舶制度的制定迄今为止仍具有进步意义，为当前海外贸易税制的建立提供了很多启示，很多学者对元代海外贸易税收制度做出了相关研究。

（一）元代海外贸易发展情况

陈高华（1978）认为，元代从亚、非各地进口的商品，种类极多，其海外贸易比前代有更大的规模。其中，庆元地区进口物品种类宋、元两代都有记载，宋代庆元地区进口商品大概有一百多种，而元代至正年间（公元 1341—1368 年）却有二百二十余种。沈道权（1991）指出，元代海外贸易的快速发展，物质、技术、政治、精神、历史基础，缺一不可。李莹（2005）认为，元代的海外贸易的繁荣，不仅促进了元代造船技术的进步，而且活跃了国内市场，也给元朝政府带来了巨额收入，使元代交钞成为一种国际上使用的纸币。

元代以忽必烈于公元 1271 年改国号为“大元”为始，以公元 1368 年元朝廷退居漠北结束。喻常森（1994）总结出元代海外贸易发展的三个时期：公元 1277—1284 年，官府鼓励海外贸易；公元 1285—1322 年，官府以“官本船”严密控制海外贸易，禁止舶商私自下海经营；公元 1323—1368 年，废除“官本船”制度，全面开放私人海外贸易。元代海外贸易不仅对促进经济发展和加强中外关系等方面产生了积极的作用，而且有其局限性。

沈自强（2009）认为，元朝出现海禁是与政府垄断海外贸易密切相关的。一方面，政府为了约束权贵从海外贸易中攫取大量利润，推行“官本船”制度，船和钱都由官府提供，禁止私人贸易；另一方面，元朝对“违禁品”管理严格，当违禁品难以约束时只能实行“海禁”。

刘幸（2013）将实施“海禁”的原因归为防止违禁品外流、对外战争的需要、防范倭寇以及政治动荡。他认为，元朝四次海禁均发生在元朝中期。元朝中期是元朝由盛到衰的转折点，此后政治、经济、军事、民族方面均出现了矛盾和问题。

(二) 元代市舶制度与宋代不同之处

王冠倬（1979）指出，元代经营海外贸易的商人中包括寺庙僧人这一特殊群体。这是由于元朝重视宗教形成的，这在前代是少见的。孙文学（1987）认为，元朝官营市舶制度——“官本船”，与宋制迥异，元朝实行“官本船”的目的在于以国家的海船控制本国的进出口贸易，从而改变外国商人操纵中国海外贸易、制约中国国内商业的局面。在市舶制度的政策目的上，余思伟（1983）则认为，元朝官府实行“官本船”的目的，一方面在于有效控制出海的船舶，以防私逃；另一方面是为了尽可能囊括海外贸易所得的巨额利息。关镜石（1988）认为，宋代市舶制度主要在于增加财政收入，而元代市舶原则为“以损中国无用之货，易远方难制之物”，其市舶制度主要在于维护本国政治经济利益。

综上所述，这些文献研究了元代海外贸易的概况、政策变化、海商的构成以及与宋代制度的迥异，为本文对元代市舶则法变迁的分析提供了思想基础。但这些文献多为纵向比较几个朝代的市舶制度，缺乏对元代市舶则法变迁的分析，并且缺乏与当前税制的比较。本文从这个视角研究元代市舶则法变迁，为当前税制的完善提供启示，助力进出口贸易的增长。

三、元代海外贸易政策

元代自忽必烈开始就对海外贸易采取鼓励的政策，多次向海外各国派遣使节，并派出军队出海远征以开拓海上交通，因此元代海外贸易规模巨大。而海外贸易的税则就是市舶税则。市舶抽分（抽解）即对于海外进口舶货或国内出海土货征收的实物税，政府先抽走一定比例的货物，用于上贡朝廷或者在市舶司处变卖，剩余的货物才由商人自由买卖，相当于现代的进口关税。元代海外贸易的税收政策主要可以体现在《至元市舶则法》与《延祐市舶则法》。形成于元代至元年间的市舶则法，是中国古代海外贸易管理方面现存第一部最完整的海关法规。随着社会的发展变化，元代市舶制度经历了从宋代市舶制度到元代至元年间市舶制度，再到元代延祐年间市舶制度的变迁。

(一) 元代海上对外贸易规模

元成宗大德八年（公元1304年）刊印的《南海志》中有关市舶的记载：元代“珍货之盛”“倍于前志之所书者”。根据《南海志》记载，当时元朝与一百四十个以上国家和地区存在贸易关系，并且从亚、非各地进口的商品种类极多。《南海志》记载有七十余种，主要是从东、西洋进口的。《至正四明续志》所载市舶物货达二百二十余种，既有来自东、西洋的货物，也有包括来自日本、高丽进口的商品。将二者汇总，去掉重复，可知当时进口商品不下二百五十种。将这些商品加以简单分类得到，珍宝和香料占了很大一部分，这些商品主要为满足统治阶级奢侈生活的需要；另一类重要物资是药材，《南海志》登录了二十四种药材，除了从东、西洋进口的阿魏、血竭等药物外，还从高丽进口了大量茯苓、红花等药物；进口的其他物资包括布匹、器皿以及皮货、木材、漆等物。

对外出口货物主要有纺织品、陶瓷器、金属等，带动了元代最大的两个手工业发展，即制瓷业和纺织业。本文侧重研究元代进口贸易的市舶制度。

(二) 元代特殊的对外贸易政策——“海禁”

中国“海禁”自元代开始，即“禁商下海”，官府出于一定目的禁止民间人士不经过官方许可，私自出洋从事海外贸易的政策，并随之罢废市舶机构，因此元代海外贸易出现阶段性特征。即使如此，该政策也并未影响元代各君主对海外贸易基本的鼓励政策。元代海禁只是限制民间商船私自从事出口贸易，却并未禁止官府贸易，也并未禁止外商来华的进口贸易。这是出于以下两个原因：一方面，政府为维护“官本船”制度，为了垄断海外贸易而采用的限制民商下海的政策；另一方面，元代对违禁品的管理较为严格，为了一个时期的特殊政策需要，约束部分违禁品外流，而采用“海禁”手段。基于此，元代海禁并不像明清持续时间那么长，四次海禁总共 11 年，并且元朝中后期财政的收不抵支也直接影响了海禁的时长。因为市舶课税能为元朝政府带来巨大利润，所以即使为了增加收入，元代海禁的时间也不会很久，因此最短的一次不到两年，最长的一次也不足五年。

元代海外贸易税收制度反复无常，其中第一次“海禁”(公元 1292—1294 年)严格来说并不算海禁，只是基于爪哇战争的临时需要。在战争期间，元朝官府为了防止海商向敌人兜售信息与军械，暂时禁止两浙、广东、福建商人出海，禁令随军队出征而作废。元代海外贸易经营形式变迁见图 1。

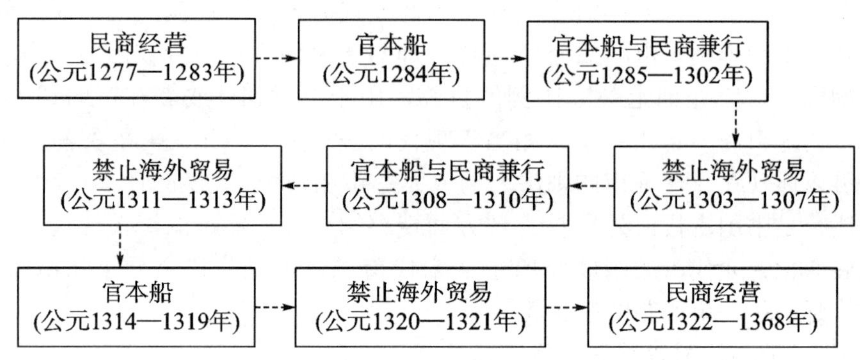

图 1　元代海外贸易经营形式变迁图

资料来源：《元史·食货志》。

(三) 元朝官府在海外贸易中的角色

海外贸易经营分为官营和私营两种。本文侧重研究官营形式。元朝官营市舶(官本船)的形式主要有两种：一种是官商分利制。该制度类似于现代的委托贸易，由官府出本钱和船只，委托商人出海贸易，所获利润官、商分成。另一种是官督商办制，即官府督办、商人经营，经营者需经官府批准，并发给公文，官府按制度征税。在执行过程中，仁宗元年(公元 1314 年)九月以后便大多实行这种制度。官方出钱出船，商人只需提供经验与劳动便可获利，这种获利模式的意义深远。

市舶司（市舶提举司）是元朝设立的管理海外贸易的官方机构，相当于现在的海关，甚至比海关的职能更广。市舶司大多建立在江浙等地区的通商口岸。元朝市舶机构的职能主要体现在对出海贸易的监管、征收进口税（市舶抽分）、违禁品检查、优待中外客商等方面。

从元代至元十四年（公元1277年）到至元三十年（公元1293年），元朝政府制定市舶则法之前，共设有泉州、上海、澉浦、温州、广州、杭州、庆元七处市舶司；至元三十年（公元1293年），元朝政府把温州市舶司并入庆元，杭州市舶司并入税务；大德二年（公元1298年），又把澉浦、上海并入庆元；至此，全国仅剩是庆元、广州、泉州三处市舶司，恢复了宋代“三路舶司”的建置。之后，三处市舶司便屡经废置。至大四年（公元1311年），罢市舶司；延祐元年（公元1314年），复立市舶司；延祐七年（公元1320年），由于舶商将丝绸、银器等细物贩卖到蕃国，又罢市舶司；至治二年（公元1322年），复立泉州、庆元、广东三处市舶司。从这一年一直到元末，三处市舶司没有较大的变动。这些短暂的机构变更并没有改变元代整体对外开放的态势，只是伴随元朝对外贸易政策的变化而变化，尤其与“海禁”有密不可分的关系。表1反映了市舶司罢设与海禁时间段的重叠度。

表1　市舶司与“海禁”变化时间对比表

市舶司罢免与复设	海禁
1311年，罢市舶司	1311—1313年，海禁
1314年，复立市舶司	1314—1319年，行“官本船”经营海外贸易
1320年，罢市舶司	1320—1321，海禁
1322，复立市舶司	1322年至元末，民间商人经营海外贸易

资料来源：《元史·食货志》。

（四）市舶则法变迁路径

元代市舶司对海货的抽分制度，不同时期有不同的规定，变化较大。大体说来，元代初期的抽分制度沿用宋制。1271年，元世祖忽必烈登基后，积极鼓励海上通商，实行开放海禁的政策。但是，权豪富户勾结贪官污吏，强取豪夺，导致外国商船不愿前来，违反了“往来互市，各从所欲”[①] 的贸易政策，并且偷逃关税，严重影响了政府的财政收入。因此，整顿市舶管理制度，制定新的行之有效的市舶法规便成了刻不容缓的大事。至元三十年（公元1293年），中书省召集各行省官，并与旧知市舶人李希颜商议后，制定出《整治市舶司的勾当》，又称《市舶抽分杂禁》，共计23条，这就是著名的至元《市舶则法》。

元代市舶制度并不是一成不变的，随着社会经济与对外贸易的变化，官府对

① 注：至元十五年，忽必烈下诏中书省：“诸蕃国列居东南岛屿者，皆有慕义之心，可因蕃舶诸人宣布朕意，诚能来朝，朕将宠礼之，其往来互市，各从所欲。”

《至元市舶则法》做出了修改，并根据形势新增了部分规定。公元1307—1314年（延祐元年）这一阶段处于元朝国民经济走向衰落的时期。其中武宗执政4年，之后仁宗即位。自武宗即位起，官场中的贪污腐败风气时有不断，百姓由于之前的战乱负担加重，国民经济开始衰落。《元代经济史》显示至大四年（公元1311年）人均支出倍于收入，这一时期的财政已经收不抵支，增加财政收入已成为必须解决的事情，这也间接促成了公元1314年《延祐市舶则法》的制定。公元1311—1313年，元代禁止海外贸易。根据《通制条格》，由于禁止海外贸易，原进口香料、药物的减少供给减少，价值激增，民用匮乏，于是官府便放开海禁，在延祐元年（公元1314年）复立市舶司，实行"官本船"制度。官府为了加强对经济的控制，随后便颁布了《延祐市舶则法》。

虽然《至元市舶则法》自至元三十年（公元1293年）颁布后，经二十余年便修订了新的制度——《延祐市舶则法》，但其基本体系并未变化。新制度仍然包括抽分、舶税、转贩转运抽税等课税制度。其中，市舶抽分（抽解）是指对进口蕃货与出口土货征收的实物税，相当于现代关税，至元十四年公元（公元1277年）就开始实行；舶税始于至元三十年（公元1293年），相当于现代的船舶吨税，即除对舶货抽分外另征舶税；转贩抽分或抽税相当于近代的转口税。

四、《至元市舶则法》与《延祐市舶则法》的比较分析

（一）《至元市舶则法》的分析

至元三十年（公元1293年）颁布的"整治市舶司的勾当"，也就是《至元市舶则法》，是为市舶征管机构制定的征管规矩，规范了征纳双方的行为。这一法规包括23条规定，主要内容包括：一是抽分与舶税，二是对权贵、官吏、和尚等经商的规定，三是公文的领用，四是有关违禁品的规定以及官员对关防的检查，五是保护海商的利益。以下分析大多基于《元典章》中至元年间的市舶则法原条例。

1. 抽分与舶税

（1）市舶抽分

根据《食货志·市舶》，元依据进口货物的价值多寡，将其分为粗货与细货。细货包括珠宝、玉石、药材等，价值较高；粗货包括红豆、牛皮、筋角等，价值较低。据此采用差别税率，对于价值高的货物抽分1/10，对价值相对低的货物抽分1/15，官府抽分所得除向中央上贡外就地变卖。元代所行税制是指对海外贸易所进口货物，先进行抽分，之后听任商人自由贩卖的征税制度。

宋代所行的市舶制度与元代不同。宋代实行榷货制度（抽买制度），对舶货抽分之后再抽买，也就是由政府收购大部分，剩余货物才允许商人变卖。相比较而言，元代的征税制度无疑扩大了商品的流通，其抽分比例经过市舶制度的规定后也基本稳定。而宋代抽分比例变化不定，税率在1/10上下多次变化，且幅度较大，大多是根据宋代国库收入多寡而变化，当国库空虚时便提高税率，国库充盈时便降低税率。

对于出口土货的抽分，《食货志·市舶》记载，在完整的市舶制度制定前，土货抽分与蕃货相同，使得土货的税负较重，于是在时任上海市舶司提控的王楠的提议下，在至元十八年（公元 1281 年）开始实行进出口有别的“单双抽”制度，即将蕃货和土产予以区分，对蕃货的征课倍于土货，土货单抽，蕃货双抽。这样“奖出限入”的想法有利于增加元代财政收入，促进出口，保护元代百姓手工业的发展。

（2）舶税

《食货志·市舶》记载，至元二十九年（公元 1292 年）从泉州开始，对在港口已抽分过的货物另征 1/30 的舶税钱，纳舶税后的舶货，才可以由舶船自行出卖。藤田丰八在《宋代之市舶司与市舶条例》中讲：“舶脚在《孔戣传》中谓之下碇税，即今日之吨税”，而元代舶税又类似于宋代舶脚，也即相当于现代的吨税，只不过元代舶税采用比例税率，而现代吨税是以外来船舶的净吨位征收的定额税率。另外，现代吨税专门用以港口建设及海上公用航标建设，而元代舶税没有指定用途。

2. 对权贵、官吏及和尚等群体经商的规定

与宋代市舶条例相比，元代经营海外贸易的商人范围扩大。无论官吏、和尚、也里可温（基督教徒）、答失蛮（伊斯兰教徒）、诸色人等，均可从事海外贸易，这是宋代闻所未闻的。行省官、行泉府司官、市舶司官，不管什么官，权豪富户，自己的船只做买卖，要依照百姓的条例抽分。对于私自隐藏不抽分的人，不管是谁，只要被揭发出来，所获钱物全部没收，钱物的 1/3 奖赏给首先告发的人。根据《元典章》，和尚常被皇室许有免市舶抽分的优惠，因此他们便夹带俗人参与下蕃贸易。条例规定，对于和尚，如果没有圣旨明文允许免除抽分的，要依例抽分。如果有违反，以漏舶罪处罚，没收所获财物。对这些特殊经商群体严格规定，使其依例抽分，从而不侵害普通中小海商的权益和朝廷的市舶课收入，更加有利于加强官本船对海上贸易的控制。

3. 公文的领用

元代海船在冬汛北风起时下海，舶商请求衙门下发公文，大船发以公验，柴水小船发以公凭，作为通行凭证。舶商需要在公文上明确填写前往的是哪个番邦，不许在途中绕到别国；到次年夏汛趁南风回航时，到发船地市舶司抽分，不许转到别处市舶司。同时，各处市舶司不许争抢别处舶商。如果舶商因天气原因而被打往别国买货的，等回航抽分时市舶司要询问相关人员，倘若没有说谎，依例抽分；倘若用假话欺瞒官府，依例没收船物，并且给告发者赏银。如果舶商用小船假托送食米，实际却藏匿贵细物货而逃避抽分，即为渗泄（侵蚀财货）。若有人告发，则没收船物，其中 1/3 赏给告发人，将犯人杖打 170 下。

元代舶商申领的公文相当于当前的海关注册登记，是纳税管理流程中的首要环节。海商不申领验凭就擅自发船，若有人告发，犯人论罪，杖打 170 下，船物没收，并且从没收的东西中取 1/3 赏赐给首先告发的人。这相当于当前的不依法办理

纳税登记所要承担的法律责任，只是当前的处罚多是罚款，不涉及人身及没收财物。

4. 违禁品的范围及官府对关防的检查

“金银、铜钱、铁货、男子妇女人口，并不许下海私贩诸蕃。如到蕃国，不复前来，亦于去时公验空纸内明白开除，附写缘故。若有一切连犯，止坐舶商船主。”至元法不允许舶商私自贩卖金银、铜钱、铁货、男子妇女人口，如果这些到了蕃国后不再回来，舶商要在公验内写明缘由。舶商下海开船的时候，市舶司要派官员亲自检查大小船内有无违禁品。如果没有夹带，就及时开洋，检视官立下文书。如果将来有人告发舶商携带违禁品，而检视官接受贿赂或者刁难舶商的，一并定罪。官府还派肃政廉访司随时视察，可谓是早期的监督机制。

由于舶商来去不定，大多在海南省走私贩卖，因此朝廷令沿海州县地方官府重点监督关防，如果有舶船到岸，要催促其前赴市舶司抽分。如果官吏受贿纵容，要依例判罪。行省、行泉府司、市舶司在要船舶归帆前预选官员到抽解处，等到船舶到来以后，依次先后抽分，不能迟延导致物货私泄。同时，官员不能延期前去故意使商人停滞等待。对违禁品携带的严格检查和对关防的严密控制反映出元代官府对海外贸易管理的系统化和制度化。

5. 保护海商的利益

元代市舶司还有优抚从事下海贸易百姓的家属的职能，“舶商、梢水之人，皆是趁办课程之人，其落后家小，合示优恤。其所在州县，并与除其杂役”，官府认为舶商、梢水人是有勇气下蕃，并且能带来市舶课收入的人，因此需要抚恤他们的羸弱家属。同时，其所在州县的官府也要免除他们的杂役。这是宋代从未有过的。

同时，约束官员从事海外贸易的特权行为，行省、行泉府司以及市舶官员不能强迫海商捎带钱本为其出海贸易，商船返航时也不准官员贱价折算贵重物品，牟取暴利，违者从重治罪，没收其财物。其目的在于，鼓励海商贸易，增加财政收入，抑制权贵官吏在海上对外贸易中的势力，使政府更多的控制海外贸易。元代对海商的限制比历代宽松许多。

在《至元市舶则法》的内容中，有关整治腐败、消除舞弊的强制性措施，占了全文的一半，这在所有专业法规中是很少见的。进而深刻地反映了元代初期全国范围内发展海外贸易的情况下，有些政府官吏、市舶官员利用手中之权，欺骗商旅，偷税漏税，损害民众利益。在这种紧要关头，有识之士状告腐败之风，元世祖忽必烈提出了必须制定市舶法律，整治混乱的进出口秩序，加大处治腐败的力度。《至元市舶则法》第一次完整地载入了反腐败规则和处罚细则。虽然宋代的市舶法制内容很多，但始终没有制定出一套完整统一的市舶则法。这部完整的市舶法规既加强了元朝官府对海上对外贸易的控制，又压制了元朝初期的腐败之风，意义重大。

（二）《延祐市舶则法》的分析

《延祐市舶则法》制定于延祐元年（公元1314年）八月，与《至元市舶则法》相比，新法对至元法进行了修正和补充。其变更的内容主要包括以下几点：一是提高了抽分率与舶税税率；二是增加了对诸王、驸马、官吏、和尚等从事海外贸易的详细规定；三是对市舶抽分的管控更加严密；四是加强了对违禁品的控制。总体来讲，延祐二十二条法则中大体沿用了至元法则，但对违法舶商及主管官吏的处罚更加严格，新增了对王公贵族、外国来使等群体市舶抽分的规定，体现了官府意欲加强海外贸易控制的趋势。以下内容是基于《通制条格》残卷延祐市舶条例原文来分析的。

1. 提高了抽分率与舶税税率

《通制条格·市舶》中规定："粗货拾伍分中抽贰分，细货拾分中抽贰分。据舶商回帆已经抽解讫物货，市舶司并依旧例，于抽讫物货内，以拾分为率，抽要舶税壹分，通行结课，不许非理刁蹬舶商，取受钱物。违者，以枉法论罪。"《延祐市舶则法》规定的抽分率，细货十分抽二分，粗货十五分抽二分，比至元法规定的抽分率增加了一倍。历史文献表明实际税额可能更高，广州与泉州可能实行过十分抽三分的税率。《延祐市舶则法》舶税已变为十分取一，比至元年间三十分取一的舶税高了三倍。新则法规定，抽分比例与舶税税率对每个舶商都相同，不许市舶司官刁难舶商、收受贿赂，如果违法便以罪论处。这一点是至元时期的则法所没有明确的。

由于无法找到相关史料表明元代市舶抽分与舶税对当时百姓造成了多大的负担，因此可以通过比较元代与当前进口环节税率，来说明元代《延祐市舶则法》规定的进口税率是否过重。

（1）元代进口环节税率——以宝石为例

元代《延祐市舶则法》规定细货取2/10、粗货取2/15，相当于将抽分率分为细货20%与粗货13.33%两档税率，且对已抽分的货物再抽取1/30，即3.33%的舶税。虽然这两种税的计税依据不同，直接将其税率相加以示税收负担有所偏颇，但由于具体计税依据史料不详，暂且将抽分率与舶税率算术相加表示元代进口环节税收负担。也就是说，细货进口环节税率为23.33%，粗货进口环节税率为16.66%。

由于宝石在古代与现代均为奢侈品，效用功能变化不大，因此以宝石为例，分析元代与当前进口环节税率的差异。宝石在元代属于细货，适用的元代进口环节税率为23.33%。

（2）与当前进口环节税率的比较

当前的进口环节税收体系中，吨税以海船净吨位为据采用定额税率，税额较小，对税负的影响不大，现忽略不计，因此只考虑关税、进口增值税与消费税。进口关税税率分为普通税率、最惠国税率等多档，而加入世界贸易组织的164个国家都约定互相提供最惠国税率，因此以最惠国税率为比较对象。由中国海关总署提供的进出口税则查询可知，宝石的最惠国税率为35%，且目前宝石的进口增值税为6%、进口消费税为10%，因此进口环节总税率为51%，几乎是元代进口税率的两倍。由于我们采用的是税率这一比例值，因此可忽略币值差异与通货膨胀因素。从这一指标来看，元代对进口舶货的税率并不算高。

2. 增加了对诸王、驸马、官吏、和尚等从事海外贸易的详细规定

（1）对官吏、和尚等的规定更加严格

《至元市舶则法》只规定了官员、和尚等要依例抽解，若有违法并且被告发，钱物没收，将其中1/3赏给告发者，和尚执有的圣旨中只有有明文规定可免抽分才能免去。而《延祐市舶则法》对这些群体从事海外贸易的规定更加严格。

如果有人告发这些官吏、和尚等不依例抽分，将没收物的1/2赏给告发者，将犯人杖打170下，有官者罢职。新则法对告发漏税者的奖赏力度更大，对犯人的处罚规定更加详细，表明了官府整治官吏、和尚从事海外贸易横行攫取利润的决心。

延祐元年修订新市舶则法的时候，正是仁宗皇帝在位，其母皇太后答己势力较大，并且是佛教的虔诚信徒，因此下懿旨给予佛寺免市舶抽分的优待。但仁宗皇帝则在《延祐市舶则法》中规定，和尚如果有允许抽分的圣旨、懿旨，行省、宣慰司、廉访司可收回，相当于撤销了和尚在《至元市舶则法》中依旨享受市舶抽分优惠的规定。

（2）新增诸王、驸马等皇室从事海外贸易的规定

诸王、驸马等皇室从事海外贸易的征税及违法处置，在至元年间的法规中没有体现，因为其经营海路贸易的情况日益增多，且利用特权不依例纳税的现象十分严重，于是在延祐年间的则法中增补了进去。《延祐市舶则法》使诸王、驸马等皇室从事海外贸易缴纳税收的规矩与权贵、官吏、和尚等相同，使其依例纳税，规定不享有特权。这样的立法思想具有进步意义。

3. 对市舶抽分的管控更加严密

由于舶商来去不定，等有船舶回岸后，地方官员要催促其前往市舶司抽分。《延祐市舶则法》规定如果有官吏知情包庇，放任舶商走私的，杖打57下。这是《至元市舶则法》中没有的人身处罚规定，使得官员减少受贿行为，依例办事。《延祐市舶则法》规定，海商不申领验凭就私自发船，如果有人告发，钱物没收，其中1/2赏给告发者，相比于《至元市舶则法》中规定的1/3，显示出官府加大了公文申领管控的力度。

不仅如此，新则法还增加了对外国使臣检查的规定。蕃国派的使臣带礼物来朝见的，应该先报告进关市舶司查验礼物，看其是否有所夹带。如果发现隐藏不报逃避抽分的情况，判处使臣漏舶罪，若有告发者，将所没收钱物的1/2赏赐给首告者。

4. 加强了对违禁品的控制

《延祐市舶则法》对违禁品的限制范围扩大了许多，除了《至元市舶则法》规定的金银、铜钱、铁货、男子妇女人口以外，新增加了丝绸、绫罗、销金、米粮、

军器等物货为违禁品。如果有商船违法携带，对舶商、船主、纲首、事头、火长各杖打170下。《至元市舶则法》中没有规定这样的惩罚。并且如果有人告发，钱物没收，其中一半赏赐给告发者，这样对告发者赏赐的规定在至元年间的法规中也没有见到。舶商下海开船时，市舶司派官员检查大小船内是否有违禁品，如果官商勾结，杖打官吏87下，降低两个级别，而《至元市舶则法》中只是规定官员一并定罪，新法的处罚更加详细、严苛。

五、对当前海外贸易税制的启示及研究不足

元代市舶制度相比于宋代有很多新的特点，新增了市舶司抚恤从事海外贸易人员的家属的职能，以及对权贵、皇室、和尚等特殊群体的规定。其制度变迁路径值得借鉴，这种因时制宜、依法治税的思想可以为当前海外贸易税制的完善提供建议。

（一）加快立法，依法治税

元代制定的《至元市舶则法》是现存第一部完备的海关法，对市舶征收管理、缉私、惩罚等做出了文书规定，这样的法律对现代来说依然具有进步意义。在法律层级上，关税的立法进程还有待提速。只有从立法层次起对税收体系做出完整的规定，才能体现税收法律的权威性，实现税法的内部稳定性和统一性，进而解决治税环节的问题。因此，我们可以借鉴元代的依法治税思想，加快对海外贸易的税收立法进程，形成符合新时代要求的税法规定。

（二）因时制宜，优化税制

元代市舶抽分、市舶司设置基本沿袭宋制，但根据元朝自身的市舶原则制定了《至元市舶则法》。之后由于元代中后期社会形势与对外贸易的变化，重新修订了《延祐市舶则法》。我国现代税收立法应效仿元朝，因时制宜，与时俱进，符合不断变化的宏观经济的税法才更具有合理性。当前要建立合理的对外贸易税制，更应时刻跟进已有税制的执行效果，赋予重要开放港口地方政府以一定程度的海外贸易税收立法权。

元代海外贸易规定的特别之处在于，元代权贵与高级僧侣均可以从事海外贸易，出现了这些群体贪污舞弊、强占海外贸易巨额利益的现象。因此，元代市舶法规中有很多对权贵、官吏甚至僧侣依法纳税的规定。这体现出元代官府维护海商利益和避免财政收入流失的思想，对权贵市舶抽分一视同仁。现代税制也应学习这种思想，在制定税法时对纳税人实行无差别待遇，对纳税人一视同仁，维护公平竞争的市场环境。在“一带一路”对外投资项目中不歧视中小企业，加强政策辅导，鼓励其与大型企业一同参与投资项目，进而促进海外贸易规模的扩大，拉动进出口领域的经济增长。

（三）加强税收优惠力度

当前对外贸易规划蓝图中主要港口有福州、泉州、广州、湛江、海口、北海等城市，与元朝时期的贸易港口多有重叠，因此可利用相关港口古代海上对外贸

易的社会与自然基础来发展现代海上对外贸易。待条件成熟时，可考虑在这些城市建立自由贸易港，外贸企业可以享受关税优惠，并在自由港形成产业集聚效应，发展规模经济。

与海上丝绸之路沿线国家签订税收协定时，互相提供进口环节优惠税率，消除重复征税，建立成员国之间专门的税收管理体制。加大对“走出去”企业的财政补贴，实行阶段性的税收减免政策，特别是高新技术企业、先进制造业和服务业。在外派雇员方面，采取人才激励政策，对其境外所得进一步制定优惠政策。

(四) 优化税收征管

元代两部市舶法规中都有大量篇幅讲述防止普通舶商与权贵偷逃税款的规定，对出海文书下发与填写做出了详细规定，并给告发违反征管规定的人以丰厚赏金。这些规定都是为了加强官府对海外贸易的控制、防止税款流失而制定的。当前对相关港口的海关税收征管水平要求提高，因此在实行多种税收优惠政策的同时，要加强税源管控，提高税收征管效率。可在与国外地区签订的税收协定中扩大相互提供税收情报的范围，提高情报交换的频率，签订多边税收协定，防止进口环节税款的流失。

(五) 研究的不足

1. 史料匮乏

由于众多史料的遗失，只能以现存的元代政书残卷中市舶制度的成文法为基础，来还原元代市舶制度的变迁。元朝有关年代市舶课年岁收入数据缺乏，不能以市舶课收入占财政收入的比重这一视角来研究元代市舶制度变迁对其经济的影响，也未能从这一角度衡量元代市舶课对百姓造成的负担。

2. 元代经济结构模糊

元代经济结构缺乏层次，没有当前经济层次分明、清晰明了。由于时代背景相差太远，货物的价值较难判断，难以直接感受元代对进口货物征税的额度，只能通过比例的形式与当前进口环节税负做比较。因此，本文必须通过文献实证法将元代市舶制度大体比拟当前税制，通过征收体系类比当前进口环节各税种。

参考文献：

[1] 陈高华. 元代的海外贸易 [J]. 历史研究，1978 (3)：61-69.

[2] 关镜石. 市舶原则与关税制度 [J]. 海交史研究，1988 (1)：68-72.

[3] 王冠倬. 元代市舶制度简述 [J]. 中国国家博物馆馆刊，1979：80-85.

[4] 陈高华，张帆，刘晓，等. 元典章 [M]. 天津：天津古籍出版社，2011.

[5] 陈高华，史卫民. 中国经济通史——元代经济卷 [M]. 北京：经济日报出版社，2000.

[6] 黄时鉴. 通制条格 [M]. 杭州：浙江古籍出版社，1986.

[7] 喻常森. 元代海外贸易 [M]. 西安：西北大学出版社，1994.

[8] 沈自强. 元代对外贸易体制研究 [D]. 济南：山东师范大学，2009.

[9] 刘幸. 元朝海禁政策研究 [J]. 鸡西大学学报, 2013 (5).

[10] 李莹, 刘春霞. 试论元朝之对外贸易与文化交流 [J]. 沈阳航空工业学院学报, 2005 (12).

[11] 沈道权. 元代海外贸易发展原因探析 [J]. 中南民族学院学报 (哲学社会科学版), 1991 (1): 112-117.

[12] 孙文学. 元朝市舶制度论 [J]. 内蒙古大学学报 (哲学社会科学版), 1987 (1): 17-22.

转移支付方式对地方政府环保支出的影响研究
——基于省级面板数据分析

周　黎

内容提要： 在我国经济发展取得举世瞩目的成就的同时，环境污染愈演愈烈，环境事件频发，国家不断出台相应的政策文件，加大对地方政府转移支付力度，引导地方政府、社会资本将更多的资金投入环境保护领域。中央对地方政府的转移支付是否足以激励地方政府提高环保支出是本文研究的出发点。本文着重分析了我国近年来转移支付资金规模、结构的现状，以及中央和地方环保支出的规模、结构，探讨二者之间的内在联系。文章利用省级面板数据进行理论和实证论证，理论分析表明，地方政府具有经济治理偏向，容易忽视社会性支出，导致环保支出在公共财政支出体系中处于劣势地位；实证研究结果表明，一般性转移支付方式对于地方政府环保支出的影响为负向，专项转移支付则具有正向激励效果，证明我国转移支付制度对地方政府环境治理的激励效应不足。基于此，本文提出为构建生态文明社会，中央和地方之间应合理划分环境事权，将环境因素纳入地方政府标准财政支出范畴，加强专项转移支付的管理规范，增强转移支付资金的激励效应，建立横向转移支付制度，保证地方政府环保资金的稳定性和持续性。

关键词： 转移支付；财政环保支出；生态环境

一、引言

环境与气候变化问题成为我国现阶段面对的三大挑战之一，在市场失灵和外部性条件下，政府需加强宏观调控，促进生态环境的改善（禄元堂，2011）。以牺牲环境为代价获得地区经济增长已成为常态，“高增长、高污染”的发展模式随处可见。2017年，环境保护部（现生态环境部）发布《2016年环境状况公报》[①]，根

① 全国338个地级及以上城市中，超过70%的城市空气质量超标，其中衡水、石家庄、保定等城市空气质量表现最差；地下水水质监测到水质为优良级的仅为10.1%，接近50%的监测点水质为较差，将近15%的监测点水质极差；接受降水检测的474个城市中，出现酸雨的城市比例为38.8%，且主要分布在长江以南地区。

作者简介： 周黎，西南财经大学财政税务学院硕士研究生。

据环境公报的监测情况，现阶段我国环境污染问题表现出其愈演愈烈的趋势，粗放型经济发展模式面临环境的巨大挑战。OECD 国家于 20 世纪 70 年代提出“污染者付费原则”，而后西方国家又主张推进环境保护税、资源税、碳税等税收制度的完善。Panayotou 和 Theodore（2003）考虑了经济发展程度的影响，探讨了经济增长与环境污染度之间的关系，并提出应增大技术投入改进技术、提高居民收入的建议。Bernauer 和 Koubi（2006）研究发现，民主的政府会通过增加环保财政支出来促进当地环境质量的提升，较大程度地提高居民的满意度，满足民众对良好的生活环境质量的合理诉求。Halko 和 Paizanos（2015）研究发现，美国政府 1973—2013 年关于环境保护的公共投入对提高居民身体健康程度和环境质量起到一定的积极作用。杨志安和吴洋（2016）研究发现，地方政府环保支出的显著增长与其环境状况的改善有显著的正向关系。

随着地方经济发展和环境状况之间的矛盾日益突出，各级政府相应增加了环保支出的规模，优化环境保护支出的结构，但其相对规模即环保支出占地方政府财政支出的比例较低。史丹和吴仲斌（2015）认为，目前我国在环境保护领域的转移支付存在总量少、结构不优的问题，地方政府过度依赖中央转移支付，作者提出引入“区域”理念到转移支付制度中。万建香（2015）通过理论和实证分析后，认为我国环保财政支出表现出转移支付效应，提高了地区资源利用率、降低了能耗和污染。但也有部分学者认为，环境保护支出在地方政府支出中处于劣势地位，并未引起政府部门重视（卢洪友和祁毓，2012）。

地方政府环境治理水平与我国特殊分权体制下的转移支付制度密不可分。陈鹏和逯元堂等（2015）对我国近年来财政转移支付数据及政策等进行梳理，提出随着国家将专项转移支付进行清理、整合、规范的过程中，不断压缩了专项转移支付中的环保支出比例，作者认为若无约束性政策，将会对地方政府的环保投入产生较大的影响，使得环保投入难以得到持续性的保障。同时，也有较多学者提倡建立起横向生态转移支付制度，以解决生态环境的外部性问题。杨晓萌（2013）通过对我国生态补偿的现状分析，提出政府应该注重公共品的外溢性问题，建立基于生态补偿的横向转移支付制度作为纵向转移支付制度的补充。陈挺和何利辉（2016）以激励各地区保持生态保护为导向，尝试对我国的生态横向转移支付制度进行了设计。徐顺青等（2018）认为，中央和地方应当合理划分事权、财权，提出逐步转变转移支付资金的使用方式等优化建议。

国外学者对于财政环保支出的研究范围较广，无论是关于理论研究还是实证分析，文献数量均较为丰富。其中，国外对于财政分权和环境污染的研究更为广泛，也较为成熟。近年来，随着粗放型经济发展模式的兴起，国内学者纷纷将研究方向转向经济增长与环境污染方面，学者更关注现实中的经济效应而非环境效应。针对分权体制问题，学者从财税体制改革、地方政府晋升体制、财政支出结构等方面进行分析，仅有少部分文献将公共支出中的医疗卫生、社会保障、教育支出等作为研究对象。而很少有学者将环境保护支出作为单独的研究主体，相关的文献较为匮乏，因此本文特将转移支付方式和地方政府环保支出相结合进行定量分析。

二、转移支付对地方政府环保支出影响机理分析

（一）概念界定

1. 一般性转移支付

一般转移支付制度主要分为纵向转移支付制度、横向转移支付制度和混合转移支付制度。目前我国沿用的是单一的纵向转移支付制度。一般性转移支付是由中央政府向地方政府提供财力补助，以弥补地区间财力差距，激励地方政府提供达到国家标准的公共品和公共服务。

2. 专项转移支付

专项转移支付是指中央拨付给地方政府的财政资金。专项转移支付分为配套专项转移支付和非配套专项转移支付。

3. 环保支出

本文中的环保支出是指节能保护支出。2007 年，国家首次将节能环保支出单独列作中央类级支出项目。节能环保支出主要包括环境保护管理、环境污染治理、能源节约、天然林保护等 13 个款级科目。

（二）转移支付对地方政府环保支出的影响

1. 一般性转移支付与专项转移支付对比

中央对地方的均衡性转移支付中，关于环境保护的资金占比较少，对于地方政府环境治理的积极性激励较小。2016 年，中央提供给重点生态功能区的一般性转移支付资金为 570 亿元，占一般性转移支付总金额的 2.7%；2015 年，中央提供给重点生态功能区的一般性转移支付资金为 509 亿元，占比为 1.8%。由此可以看出，地方政府在面对一般性转移支付中仅有少部分关于环境保护的资金，再加上其支出偏好的影响，并不具备指向环境保护的偏好。我国的财政支出挂钩机制一直以来对我国地方政府财政支出结构的固化带来较大的影响，其造成地方政府在教育、科学、社保、医疗卫生等方面的支出增长幅度较大，由此对地方政府环保支出带来挤出效应，相应地减少了环保财政支出。2016 年均衡性转移支付部分项目组成见表 1。

表 1　　2016 年均衡性转移支付部分项目组成

项目	转移支付金额（亿元）	占比（%）
重点生态功能区转移支付	570	2.7
产粮大县奖励资金	407.77	2.0
县级基本财力保障机制奖补资金	2 045.00	10
资源枯竭城市转移支付	186.90	1
城乡义务教育补助经费	1 344.62	6.5
农村综合改革转移支付	338.13	1.6

中央对地方的专项转移支付中环保专项资金所占比例较大，相较一般性转移支付对于地方政府环境治理的积极性激励较大。地方政府按项目获得专项转移支付，但是不可否认的是环保项目之间存在重复交叉，且资金退出机制尚未健全，专项资金使用效率偏低，使得环保支出也存在被压缩的现象，地方政府并没有将足够的环保专项资金投入环境治理中。国务院在 2016 年度中央预算执行和其他财政收支的审计工作报告中指出，2016 年我国转移支付管理还不完全适应改革需求，其中专项资金安排交叉重叠的问题较为严重，水污染防治就设立了 4 个类似的专项，涉及资金 357.5 亿元。同时，还有一些专项资金并未落实到地区，资金总额达 2 023.11 亿元。由此可见，专项转移支付管理不规范将削弱地方政府环境治理的积极性。

一般来说，转移支付的根本目标是促进地方政府间的财力均衡以及公共服务均等化。我国自 1995 年实行转移支付制度以来，三种转移支付方式各司其职，对平衡地区间的财力差距起到了一定的作用，促进了贫困地区的经济发展。地方政府对税收返还和一般性转移支付具有较大的自主权，促进地区间的财力均衡实现。专项转移支付主要是为了激励地方政府利用信息优势在辖区内为居民提供社会性公共品及公共服务，促进地方基本服务均等化。

2. 财政转移支付制度的弊端

转移支付制度的“粘蝇纸效应”被国内外学者广泛关注。转移支付收入对于地方政府的影响与当地财政供给能力密切相关。相关数据分析显示，贫困地区更依赖于中央转移支付，造成某些省份的预算软约束，地方政府可能会倾向于增加财政供养人口来获取更多的转移支付，相应地，冗员问题成为转移支付制度的一个后遗症。与此同时，地方政府并不会将大量的财力投入社会性公共品的供给上，反而会增加行政管理支出，导致地方规模膨胀，这也是近几年来我国加强“三公”经费管理规范的原因之一。

转移支付制度对地方政府支出行为的扭曲效应。通过对我国省级或者地级数据的分析，相对于经济性支出，多数省份社会性支出所占比例处于相对较小的趋势，地方政府倾向于能在短时间内实现促进当地经济发展的支出。中国社会科学院发表的《当代中国社会结构》中表明，中国社会发展落后于经济发展15年。大部分学者将其归咎于地方政府财政投入在教育、医疗、社保、环保等领域不足。

转移支付组成部分中，专项转移支付常被诟病于其分配过程的不透明以及项目的重叠交叉，未能有效提高财政资金使用效率。更有学者对国家职能部门的官员与其出生地的专项转移支付收入进行研究，发现国家行政部门的部长的籍贯所在地能获取更多专项转移支付资金，说明现阶段我国财政转移支付制度并不十分规范。

3. 地方政府经济治理偏向

中央地方政府环保领域事权划分不明确。2007—2017年，我国环境保护慢慢拉开帷幕。从支出安排结构上可以看到，地方政府承担了绝大多数的环境保护职能。2007—2013年，超过95%的环境保护支出由地方政府投入，中央层级从2014年起投入较多，但占比不到10%，并且近三年还有下降的趋势。2016年，地方政府将40%的环保财政支出投入污染治理领域，其次则是能源的节约利用方面，占总环保支出的13.3%。可以看出，地方政府在环境保护上偏向于事后的治理，对于事前的准备和事中的防范的相应支出较少。环境保护基础设施的建设或者环境保护支出在短时间内无法给地方带来较大的经济产值的增长，成本和利益的不对等，使得地方政府在环境治理上缺乏积极性。

环保财政支出在公共财政体系中处于劣势地位。2017年，《中国财政统计年鉴》[①] 显示，2016年全国环保支出决算数为预算数的98%，均低于其他社会性支出，其中中央层级的环保支出决算数仅为预算数的95.61%、地方节能环保支出决算数为预算数的98.2%，均低于其他教育支出、社会保障与就业、医疗卫生支出的决算数完成比例。

在短期利益的驱动下，地方政府并未着重考虑环保支出带来的长期效益。对于地方政府来说，环境保护支出并不能在短期内促进当地经济产值的增长，反而还可能造成当地财政收入的缩减，因此在缺乏经济方面的激励作用下，地方政府环境治理行为的积极性不高。近年来，地方政府财政环保支出占财政支出的比重甚至还有下降的趋势，这与我国环境污染问题愈演愈烈的局势并不相符。2016年，环保支出占地方政府财政支出的比重相较2015年均有所下降，其中虽然河北省、福建省整体呈上升水平，但与其空气污染的恶化情况密不可分。全国31个省、直辖市、自治区在环保支出上都并未投入太多，近年来大部分省份所占财政支出比

① 根据2017年《中国财政年鉴》，2016年其他社会性支出的决算数完成数均高于预算数，如教育支出决算完成比例为105%，科学技术支出为108.2%，社保与就业支出为109.2%，医疗卫生支出为106.4%。

重均有所下降。

三、转移支付对地方政府环保支出影响的实证分析

(一) 研究假设

通过分析我国转移支付制度的成就和弊端，一方面，我国近年来转移支付结构有所优化，专项转移支付所占比例下降，一般性转移支付所占比例上升；另一方面，转移支付制度存在诸多弊端，诸如“粘蝇纸效应”，专项转移支付制度不规范，项目间存在交叉重叠等问题。近年来，通过对地方政府财政支出的支出现状进行整理和分析，不难发现地方政府环保支出始终处于劣势地位，占财政支出的比例远小于其他社会性支出，可以看出地方政府对于环境保护的治理缺乏一定的积极性。再将转移支付分成一般性和专项转移支付方式来进行分析。由于环保资金多以专项转移支付方式进行下拨，地方政府为履行上级命令不得不按项目安排环保支出，而地方政府对于一般性转移支付资金具有较强的自主支配能力。结合我国特殊分权体制下的政绩考核制度来看，地方政府将一般性转移支付资金用于环保领域的激励并不大，总体来看，转移支付制度对地方政府的激励作用实际上可能并不特别理想。基于以上分析，本文提出以下研究假设：一般性转移支付对地方政府环保支出的影响不及专项转移支付资金的激励效果。

(二) 模型设定及变量选取

1. 模型设定

我国纵向转移支付制度分为一般性转移支付和专项转移支付。本文将对转移支付机制内部对地方政府环保支出的影响进行研究。沿用前人的研究成果，本文建立转移支付方式与地方政府环境保护支出的回归模型。计量模型如下：

$$Per\ EEXP_{it} = \lambda_1 per\ FT_{it} + \beta X_{it} + a_i + u_{it} \qquad (1)$$

式（1）中，被解释变量 $Per\ EEXP_{it}$ 表示地方政府环保支出，用以衡量转移支付对地方政府环境保护的激励效应；$per\ FT_{it}$ 为主要解释变量，为地方政府获得的人均转移支付；X_{it} 为控制变量；a_i 为不随时间改变的随机干扰项即个体效应；u_{it} 为通常意义的随机干扰项。下标 i 和 t 分别表示省份、年份。

2. 变量选取

本文利用地方政府人均环保支出（*PerEEXP*）作为被解释变量，由各省环保支出除以当年该省年末总人口数获得；解释变量人均转移支付（*perFT*）分为人均一般性转移支付（*perg*）和人均专项转移支付（*perg*），由各省获得的一般性转移支付总额和专项转移支付总额除以当年该省年末总人口数获得。为降低可能的方差和数据的波动性，在实证过程中，地方政府人均环保支出、人均转移支付均取自然对数值。

此外，本文选取各省人均财政支出（*per_p*）、城市化水平（*urb*）、第二产业占地区生产总值（以下简称 GDP）的比值（*indus*）作为控制变量。各省人均财政支出表现出当地政府整体财政支出水平。从理论上来讲，人均财政支出水平越高，对各省的环境保护支出相应地也应有所增加，人均财政支出由当地财政总支出除以对应年份该地区年末总人口数。城市化水平（*urb*）用各省份非农业人口占总人口的比例来表示。近年来，随着城镇化速度加快，人口流动与资源的加速开发对各地经济发展及环境质量带来一定的影响，对地方政府环保支出也有一定的影响。第二产业占地区 GDP 的比重。第二产业主要以工业为主，工业的发展对地方经济发展及环境质量均有较大的影响，因此选用该比值用以衡量当地工业化水平对地方环境保护支出的影响。

（三）数据来源

由于数据的可得性限制，本文选取 2015—2016 年全国 31 个省份的面板数据进行分析。为剔除数据的波动性带来的影响，支出数据均采用自然对数的形式，上述数据均取自 2016—2017 年《中国统计年鉴》《中国环境统计年鉴》。解释变量中人均一般性转移支付及人均专项转移支付数据来源于 2015—2016 年我国财政预决算报表及 2016—2017 年《中国统计年鉴》。实证过程中的相关变量的描述性统计结果如表 3 所示。

表 2　　　　描述性统计变量

变量	平均值	标准差	最小值	最大值
lnevt	5. 896 8	0. 552 6	5. 233 6	7. 469 7
lns	7. 447 7	0. 759 6	5. 962 6	9. 680 2
lng	9. 463 3	0. 423 7	8. 880 0	10. 778 4
lnp	7. 669 56	1. 039 8	5. 316 6	10. 118 1
indus	0. 422 3	0. 769 0	0. 193	0. 505
urb	0. 572 4	0. 125 9	0. 277 4	0. 879

在进行实证分析之前，本文利用获得的数据对被解释变量和主要解释变量进行了简单的散点图分析。其中，人均环保支出与人均专项转移支付资金的散点图如图 1 所示，二者呈现出较为明显的正相关关系，表明人均专项转移支付对于地方政府人均环保支出具有一定的正向激励效果。

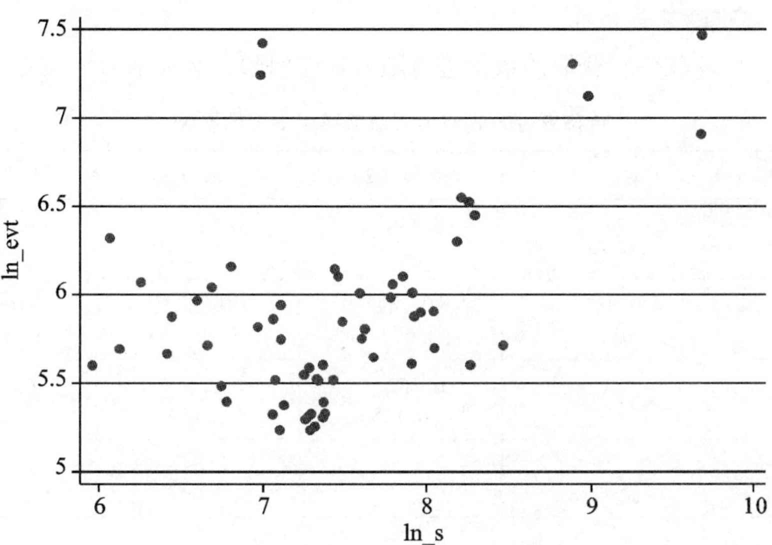

图 1　人均环保支出和人均专项转移支付散点图

图 2 展示的是人均一般性转移支付资金与人均环保支出的关系，从中可以看到二者存在一定的 U 形关系。当一般性转移支付资金逐渐增多的过程中，地方政府人均环保支出呈现出较为明显的下降趋势，随着人均一般性转移支付资金上升到一定程度，地方政府人均环保支出逐渐有所增高。

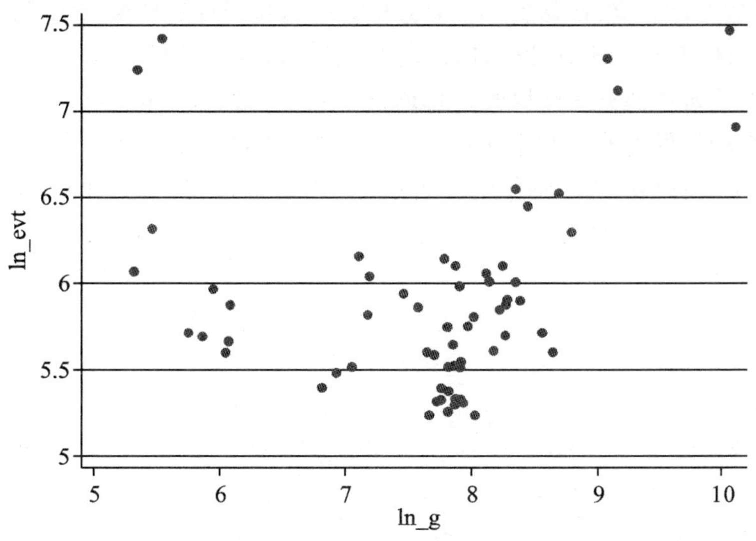

图 2　人均环保支出和人均一般性转移支付散点图

在进行实证分析之前，首先利用 F 检验对数据使用的模型进行检验，P 值表明该数据更适用于固定效应模型；然后，利用霍斯曼（hausman）检验对随机效应模型和固定效应模型进行检验，该检验接受原假设，最终选取随机效应模型作为计量模型。

（四）实证结果与分析

运用 Stata14 软件对获取的数据进行随机效应回归，实证结果如表 4 所示。

表 3 转移支付方式对地方政府环保支出的影响

解释变量	模型（1）	模型（2）	模型（3）	模型（4）
lns	0.746*** (0.159)	0.430*** (0.137)	0.517*** (0.150)	0.515*** (0.151)
lng	-0.387*** (0.117)	-0.241** (0.093 7)	-0.212** (0.097 5)	-0.215** (0.098 4)
lnp		0.852*** (0.125)	0.726*** (0.159)	0.753*** (0.167)
urb			0.848 (0.697)	0.851 (0.703)
indus				0.339 (0.611)
R_overall	0.585 2	0.790 3	0.803 0	0.804 1

注：***、**、*分别表示通过 1%、5%、10%的显著性水平检验；括号内为 t 统计量值。

从表 4 中可以看出，根据模型（1）的回归结果，地方政府环保性支出与其获得的专项转移支付呈正相关关系，通过 1%的水平的显著性检验。在选取的样本区间内，每增加 1%的专项转移支付，地方将会增加 0.75%的环保支出。同时，从回归结果中也可以看到，地方政府环保支出与其获得的一般性转移支付呈负相关关系，通过 1%的水平的显著性检验，每增加 1%的一般性转移支付，地方政府将会减少 0.387%的环保支出。由此可见，一般性转移支付和专项转移支付对于地方政府的环保支出具有相反的激励作用，地方政府对一般性转移支付的可支配度更大，也更灵活，但是通过实证分析发现，地方政府并不愿意将财政收入投入环境保护领域。专项转移支付相对于一般性转移支付来说有更多的限定条件，也规定了专项资金的投入项目和投入领域，因此为完成上级指令，地方政府会尽力完成指定项目的资金支出。环保资金大多数是以专项资金的方式下划至地方政府，其对地方政府的人均环保支出在正向激励作用是具备一定经济基础的。但是，我们也应该看到，专项转移支付的激励效应和激励效果并不是十分有效，仍有较大的提升空间。

从实证分析获得的结果来看，我们可以从环境保护支出的外溢性特征以及当前我国政治制度下以 GDP 为主要考核指标的政绩考核机制对其进行解释。环境保护支出具备三大效益，即社会效益、经济效益、环境效益。环境效益是指整个社会将会受益于优良的环境。居民健康程度与环境质量息息相关，政府投入环保支出用于环境防护、治理环境污染等方面，在带来环境效益的同时，也给该地区带去经济效益。社会效益表现为其帮助改善居民生活环境、促进城乡环保设施的完善、减少不必要的环境纠纷等。2007 年，我国对财政收支分类进行调整，首次将节能环保支出列为政府财政支出的一个单独的科目。环保支出的收益外溢性使得政府之间展开了一场博弈，地方政府之间会形成政府间竞争，并且依赖于邻省的节能环保支出，由环保支出的外溢性引发的政府间的博弈反而会促使地方政府减少环保支出。此外，在我国以 GDP 为核心的官员晋升考核机制下，地方政府对转移支付收入的处理方式也大同小异，公共部门部分领导为获得晋升的机会，将更多的财力投入经济建设领域，偏重于经济治理表现而忽视社会治理表现。当所有政府官员都偏向于自身短期利益的实现而忽视长期社会效益时，那些不能在短期内增加经济生产总值的社会领域将会落后于经济领域的发展，从而导致社会结构的滞后性，不利于全国环境保护的开展。

实证分析过程中，我们也对三个控制变量的影响进行了探讨。在模型中逐渐加入人均财政支出、城镇化水平、第二产业占 GDP 的比重进行回归分析。通过模型（2）、模型（3）、模型（4）中的结果可以看到，控制变量中人均财政支出对于地方政府环境保护支出具有正相关关系，通过 1%的水平的显著性检验，财政支出每增加 1%，地方政府将会增加 0.88%的环保支出。城镇化水平也对地方政府人均环保支出具有正向激励效果，但是并未通过显著性检验。第二产业占 GDP 的比重与人均环保支出呈正相关关系，但影响并不显著。分析控制变量不显著的原因可能是因为本文的实证分析中的数据的限制导致该结果不明显。

（五）稳健性检验

为验证本文实证结果的稳健性，本文利用 OLS 计量方法对数据进行稳健性检验。如表 4 所示，核心解释变量和控制变量在新的计量方法下其符号和显著性并未发生改变，人均专项转移支付与人均环保支出仍存在正相关关系，人均一般性转移支付与人均环保支出之间呈负相关关系，人均财政支出增加了人均环保支出，城镇化水平正向影响人均环保支出，第二产业占 GDP 的比重也对被解释变量有正相关关系，说明模型设定较为稳定。

表 4　　稳健性检验

解释变量	模型（1）	模型（2）	模型（3）	模型（4）
lns	1.261*** (0.132)	0.590*** (0.135)	0.692*** (0.142)	0.705*** (0.143)
lng	−0.754*** (0.096 4)	−0.345*** (0.091 2)	−0.308*** (0.091 1)	−0.321*** (0.093 1)
lnp		0.774*** (0.108)	0.623*** (0.131)	0.643*** (0.134)
urb			1.018* (0.523)	1.022* (0.525)
indus				0.367 (0.472)
R_sq	0.615	0.795	0.808	0.810

四、结论与政策建议

(一)结论

本文通过梳理我国转移支付制度的优势和劣势，并针对地方政府环境保护支出结构与规模进行了详细的分析，利用2015—2016年31个省份的数据进行计量分析。通过理论和实证分析，针对转移支付方式对地方政府环保支出的激励效应分析，本文得出以下结论：

第一，转移方式对于地方政府环保支出的作用效果各不相同。人均专项转移支付对于地方政府的人均环保支出具有正向激励作用，而一般性转移支付方式具有负向激励作用。实际上，我国的环境保护支出大部分以专项资金的方式投入环保项目或者环境治理领域上，从而奠定了其正相关关系的基础。2016年，我国在大气污染防治、水污染防治等领域投入专项转移支付资金935.86亿元，相较2015年有所下降，这与我国清理、整合专项资金的大环境相契合。专项转移支付对地方政府环保支出的正向激励作用表现为资金规模的优势以及上级政府对资金使用方向的明确规定，在二者双重的影响下，其激励效应相较一般性转移支付更为突出。一般性转移支付反而与人均环保支出呈负相关关系，说明地方政府忽视了环境保护，缺乏环境治理防护的积极性。我国转移支付制度对于地方政府环保支出的激励效应并不十分有效，尤其是一般性转移支付，并未充分发挥其促进地方政府提供公共品的作用。

第二，中央和地方环境保护事权划分不明确，地方政府缺乏稳定持续收入来源，环保投入不足。通过对中央和地方环保支出的分类整理，数据显示，中央在环境治理方面投入资金比例不足全国环保总支出的10%。中央层级将大部分环境保护职能划分给地方政府，但是在我国特殊的政绩考核体制下，地方政府缺乏对环境治理的积极性，这种模式不利于全国环境的保护和环境质量的改善。对于一些外溢性较强的环境投入，地方政府会选择性忽视。从地方政府环保支出占地方财政支出的比例可以看出，目前地方政府仍将大部分资金投入经济建设领域或者其他社会性支出方面。地方政府缺乏稳定持续资金的保障，收入的不确定性以及承担事务的繁重，更加降低了地方政府环境治理的积极性。

第三，环境保护支出在公共财政支出体系中处于劣势地位，地区间环境保护支出存在较大差距。我国现阶段环保支出水平还处于发达国家20世纪70年代的环保支出水平。政府一方面缺乏环境保护意识，另一方面注重经济治理表现，导致环境保护支出在财政支出体系中处于劣势地位。地方政府在其他社会性支出如社会保障、教育等领域的投入都大幅高于环境保护。而地区之间的差距也十分明显，发达地区人均环保支出远高于欠发达地区。我国正处于工业化转型阶段，欠发达地区大力发展经济的同时，往往局限于短期利益或者忽视环境的重要性，从而弱化环境保护支出，致使地区之间的环境质量参差不齐，差距明显。

（二）政策建议

1. 避免削减过多环境保护专项资金

我国在整理规范专项转移资金的同时，还要考虑环境保护因素，避免削减过多环境保护专项资金。近几年来，我国在清理、整合专项转移支付资金方面已取得一定成效，随着一般性转移支付资金比例的提升，专项转移支付资金的比例已有所下降。在实证分析过程中，专项转移支付的正向激励效应较为显著，但是实际上专项资金又存在资金使用效率低的问题。建立明确的环保专项资金拨付及退出机制，避免项目交叉重叠，提高环境保护专项资金使用效率。专项转移支付常被诟病于其项目的交叉重叠以及资金分配的不透明。在保证资金充足的水平下，制定明确的资金分配和使用制度，让专项资金发挥最大激励效果，促进地方政府增加环保支出。

2. 将环境因素纳入政府标准财政支出公式及政绩考核

目前，我国地方政府标准财政支出公式是确定地方政府支出水平需求、决定地方政府获得一般性转移支付资金的重要参考方式。但是，在地方政府财政标准支出公式中并未考虑环境因素，因此，地方政府并未有足够大的激励将一般性转移支付资金投入环境保护领域。将环境因素纳入地方政府标准财政支出公式中，增大一般性转移支付的激励效应，从而充分发挥地方政府的信息优势，有效地提高环境质量。此外，由于我国传统的政绩考核机制主要以 GDP 为考核重点，常忽略地方政府在社会领域的贡献程度。近年来，我国在政绩考核上逐渐将一些指标纳入官员晋升机制中，如教育、就业等事业的发展，但是将环境保护因素纳入考核机制中的措施并未制定。因此，将环保因素纳入政绩考核机制，将会进一步提升地方政府环境治理的积极性。

3. 明确中央和地方环保领域事权划分

中央和地方之间的事权应进一步逐渐细分，由中央政府承担部分外溢性效应较强的环保支出，承担起宏观调控的主要责任，从而避免地方政府产生地方保护主义。从实证结果分析来看，转移支付资金对地方政府环保支出的激励效果并不十分明显，尤其是一般性转移支付，反而具有负向激励效应，因此，单纯依靠转移支付来促进地方政府加强对环境的治理并不是完全有效。地方政府本身缺乏充足的财政收入，也很难将资金投入无法在短期内提升当地经济生产总值的环保领域。对于一些跨区域、跨流域的环境治理问题，中央政府在承担部分事权、减轻地方政府的财政负担、资金使用效果得到较大提升的同时，也能较好促进整体环境质量的提升。

4. 保障地方政府环保支出资金的可持续性

进一步分析地方政府环保支出资金来源可知，地方政府环保支出多依赖于中央转移支付资金，地方自给资金占比很少。进一步保障地方政府环保支出资金的可持续性，扩宽环保资金来源渠道，需要适度赋予地方政府一定的财权，如加强环境保护税的征收管理和规范，设立环境污染收费制度，保证资金的可靠性和持续性。现阶段，地方政府优先发展地区经济，仍然缺乏相应的环境保护意识，在拓宽地方政府关于环保领域的资金来源渠道后，将在一定程度激励地方政府将更多的财力投入环保领域，既有利于促进环境质量的提升，也能促进绿色经济发展。

5. 建立横向转移支付生态补偿机制

地区之间建立横向转移支付制度，作为纵向转移支付制度的有益补充。目前我国已经有众多学者纷纷提出建立横向转移支付生态补偿机制的构想。我国地区间经济发展水平差距明显，在公共品供给水平上也有较大的差距，地方之间如果建立起联动机制，共同就跨流域、跨区域环境问题建立统筹机制，解决环境领域的外部性，可以进一步提升政府环境治理的积极性。基于纵向转移支付对于地方政府的激励作用十分有限，并且加之转移支付制度的不完善，建立横向转移支付机制能在一定程度提高地方政府环境治理行为的有效性，能进一步促进我国环保支出在财政支出体系中地位的提升。

参考文献：

[1] 史丹，吴仲斌. 支持生态文明建设中央财政转移支付问题研究 [J]. 地方财政研究，2015 (3)：74-79，96.

[2] 陈鹏，逯元堂，吴舜泽. 转移支付制度改革对政府环保支出影响分析 [J]. 生态经济，2015，31 (4)：118-120.

[3] 王猛. 府际关系、纵向分权与环境管理向度 [J]. 改革，2015 (8)：103-112.

[4] 张文彬，李国平. 国家重点生态功能区转移支付动态激励效应分析 [J]. 中国人口·资源与环境，2015，25 (10)：125-131.

[5] 逯元堂. 中央财政环境保护预算支出政策优化研究 [D]. 北京：财政部财政科学研究所，2011.

[6] 卢洪友，祁毓. 我国环境保护财政支出现状评析及优化路径选择 [J]. 环境保护，2012 (17)：28-31.

[7] 龚锋，李智. "援助之手"还是"激励陷阱"——中国均衡性转移支付的有效性评估 [J]. 经济评论，2016 (5)：3-23.

[8] 杨良松. 转移支付对地方财政农业支出的影响——基于2003—2009年地级面板数据的研究 [J]. 经济评论，2016 (5)：148-160.

[9] 尹振东，汤玉刚. 专项转移支付与地方财政支出行为——以农村义务教育补助为例 [J]. 经济研究，2016，51 (4)：47-59.

[10] 辛冲冲，周全林. 财政分权促进还是抑制了公共环境支出——基于中国省级面板数据的经验分析 [J]. 当代财经，2018 (1)：24-35.

[11] 李永友，张子楠. 转移支付提高了政府社会性公共品供给激励吗？[J]. 经济研究，2017，52 (1)：119-133.

[12] 杨晓萌. 中国生态补偿与横向转移支付制度的建立 [J]. 财政研究，2013 (2)：19-23.

[13] MOHAMED GHERBI. Problematic of Environment Protection in Algerian Cities [J]. Energy Procedia，2012，18.

[14] 张启春. 区域基本公共服务均等化与政府间转移支付 [J]. 华中师范大学学报 (人文社会科学版)，2009，48 (1)：39-45.

财政分权对中国教育支出的影响
——基于2002—2009年省级面板数据的实证研究

刘亚玲

内容提要：随着时代的发展，教育越来越成为一个国家提高创新能力的基础，而财政分权制度与地方政府教育经费支出存在关联，为进一步识别财政分权程度对地方政府教育经费支出的影响，利用2002—2009年的省级面板数据，从收入分权与支出分权两个角度进行分析。结果表明：不论是收入分权还是支出分权，财政分权程度与教育经费支出都具有显著负相关关系，并且通过分地区分析，发现中部和西部省份财政分权程度与教育经费支出都具有显著负相关关系，但在东部省份二者之间的负相关关系并不显著。

关键词：财政分权；教育支出；收入分权指标；支出分权指标

一、引言

教育是一个国家提高创新能力的基础，为国家未来的发展输送新鲜的血液。2018年3月5日，国家总理李克强在第十三届全国人民代表大会第一次会议《政府工作报告》中指出："发展公平而有质量的教育。推动城乡义务教育一体化发展，教育投入继续向困难地区和薄弱环节倾斜。切实降低农村学生辍学率，抓紧消除城镇'大班额'，着力解决中小学生课外负担重问题。"由此可见，国家正在大力推进教育事业的发展，努力提高财政性教育投入。而且，中国已全面放开"二孩"政策，这势必会在将来对教育产生更大的需求。近年来，尽管中国逐步提高了对教育的重视程度并逐年增长教育投资，但与其他国家相比还是存在一定差距。如图1所示，1990—2015年，中国教育经费支出占国民生产总值的比重总体呈现出上升趋势，并且在2012年之后一直保持在4%以上，但是占比达到4%的目标是1993年国务院出台的《中国教育改革与发展纲要》中提出的，并且当时预计在2000年达成，可实际却在2012年才达成，整整延后了12年，由此引发了各界的关注与思考。

作者简介：刘亚玲，西南财经大学财政税务学院硕士研究生。

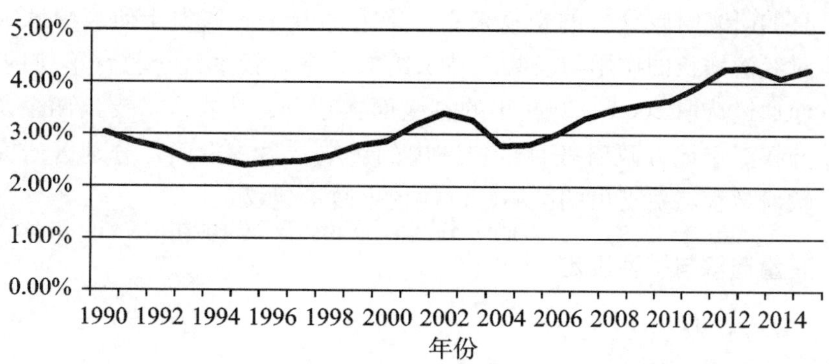

图 1　1990—2015 年中国教育经费支出占国民生产总值的比例

中国自 1994 年实现分税制改革以来，财权上移、事权下放导致的中央与地方财权事权关系不匹配对地方政府的各项支出产生了重要的影响。而地方教育经费支出的短缺，一方面由于地方政府缺少充足的财政收入，无法维持大规模的教育支出；另一方面，由于官员晋升机制中对于地方经济增长的考核，地方官员可能更倾向于将本就不充足的财政收入投向短期回报率高的项目，从而进一步缩减教育支出。本文通过 2002—2009 年的省级面板数据分析财政分权程度对地方教育经费支出的影响。

二、文献综述

教育等公共产品及服务的供给一直以来都是各界关注的热点，而财政分权制度与地方公共产品和服务的供给密切相关。近年来，在关于财政分权与教育经费支出关系的研究中，傅勇、张晏（2007）认为，在中国现有政治激励的环境下，地方政府会普遍重视经济增长而忽视对包括教育在内的非经济性公共服务的供给，从而造成财政支出结构发生扭曲；罗伟卿（2010）选取 1996—2007 年的全国地级面板数据进行实证研究，结果表明，财政分权程度的提高的确会降低地方公共教育供给，并对不同教育阶段以及不同地区分别进行研究对比；乔宝云与范剑勇等（2005）通过将主流的财政分权理论——“用手投票”和“用脚投票”两种机制应用于中国财政分权改革与小学义务教育的案例，结果表明，财政分权并没有增加小学义务教育的有效供给；龚锋、卢洪友（2013）通过实证分析研究了多维财政分权指标对中国地方义务教育和医疗卫生服务配置效率的影响，结果表明，当地方政府的财政资金大部分来自中央转移支付时，财政分权会提高义务教育的配置效率。此外，一些学者虽未直接研究财政分权对地方教育供给的影响，但却研究了财政分权对地方公共品的供给，例如：平新乔、白洁（2006）研究了中国在财政分权的大环境下，政府激励对地方公共品的供给与满足当地真实需要敏感度之间的关系；陈硕（2010）通过应用分省的面板数据，研究结果支持了财政分权会提高地方政府公共服务供给水平的观点。

从已有的研究财政分权的文献来看，绝大部分学者致力于研究财政分权的潜在影响，对经济增长的作用与公共产品供给的关系，较少针对教育单独进行研究。本文一方面通过选取2002—2009年的省级面板数据，从收入、支出两个角度分析研究财政分权对于地方政府教育经费支出的影响；另一方面，分地区研究财政分权对地方政府教育经费支出的影响，以便提出政策建议。

三、变量选取与模型设定

（一）变量选取

1. 被解释变量

傅勇、张晏（2007）在研究《财政分权与财政支出结构偏向》一文中选用科教文卫支出占预算内财政支出的比重作为被解释变量；陈志勇、张超（2012）在研究《财政分权对地方政府教育支出的影响》一文中选取省预算内教育经费支出占预算内财政支出的比重作为被解释变量。本文选取地方教育经费支出占财政支出的比重（EDU）作为被解释变量。虽然教育支出占GDP的比重是衡量教育水平的一般标准，但财政支出反映了政府对于各项经济性和非经济性公共产品和服务的供给情况，以财政支出作为分母，可以看出地方政府财政支出中教育支出所占比重，反映当地政府对于教育的重视程度。

2. 主要解释变量

财政分权是指建立在政府职能或事权的基础之上，各级政府有相对独立的财政收入与支出范围、处理中央政府与地方政府以及各级政府间关系等的一种财政体制。到目前为止，总共有两代财政分权理论：第一代财政分权理论阐明了在多级政府的管理框架下，追求辖区内福利最大化是各级地方政府的主要目标，而这一目标是Tiebout（1956）地方政府竞争模型的重要假设。他提出，选民在辖区内的自由流动会引发地方政府间的竞争，从而地方政府会迫于压力为选民提供合意的公共产品和服务。即第一代财政分权理论的核心观点是：如果给予地方政府更多的资源配置权，那么通过地方政府间的竞争，便会使得纳税人的偏好很好地得到反映，代表理论有Tiebout的“用脚投票”理论、Musgrave的分税制思想等。第二代财政分权理论指出，地方政府并不是简单地以选民利益最大化作为目标，而是要追求其自身利益的最大化，并承认对政府本身的激励机制，一个有效的政府结构应该要实现在官员与居民福利之间的激励相容。Seabright（1996）研究表明，政府官员再当选的压力会使得官员们降低其寻租倾向，提高政府决策的有效性；Besley和Coate（2003）通过研究提出，辖区内的投票人可以依据条件对政府执政水平做出评判，从而对政府形成激励与约束，提高其效率。但在中国，政治集权下的经济分权已成为不争的事实，地方官员遵从上级行政命令，追求自身利益最大化的同时缺乏行之有效的监督，所以在中国财政分权制度的框架下，难以实现地方政府行为可以很好地满足居民偏好的目标，从而导致地方政府公共产品与服务供给不足。

财政分权程度的衡量指标是依据中央政府与地方政府在财政收入和财政支出的各自占比进行衡量。张晏、龚六堂（2005）选用预算内本级政府财政收入指标和预算内本级政府财政支出指标来衡量财政分权程度；傅勇、张晏（2007）选用预算内本级政府财政支出指标，并对该指标进行人均化处理，同时，辅助性地采用了人均财政收入分权指标。

而不论是以收入指标度量还是以支出指标度量的财政分权程度理论上都会对地方政府教育经费支出占比产生不利的影响。其影响主要表现在以下两个方面：一是从收入指标来看，财政分权程度越高，意味着地方政府拥有的可自主支配的资金越充足。而地方官员出于对晋升考核、绩效等自身利益的考虑，会有更强的动机将财政资金配置到生产性领域而非教育等公共服务领域，并且由于教育具有外溢性的特点，使得地方政府更加不愿将有限的财政资金投入教育领域，从而降低当地教育供给。二是从支出指标来看，财政分权程度越高，意味着地方政府的财政支出更易受到中央转移支付的影响。这是因为，在一般情况下，地方政府的财政支出小于其财政收入，故需要通过中央转移支付来弥补其财政资金的缺口，而对于教育事业一般以专项转移支付为主。近年来，随着中国逐步扩大一般性转移支付占比，缩小专项转移支付占比以及专项转移支付资金在使用过程中缺乏行之有效的监督机制，导致地方政府在教育等公共服务支出方面投入不足的情况并没有明显的改善。所以，地方政府更多的是追求当地的经济增长，而会在一定程度上忽视教育等公共服务的供给，财政分权程度的提高有可能会对地方政府这种偏倚行为起到推动作用。

文章选取财政分权收入和财政分权支出两项指标来度量中国各省份财政分权程度。其计算公式为：

$$\text{财政分权收入指标}=\frac{\text{地方政府本级预算内收入}/\text{地方人口数}}{\text{中央本级或全国财政预算内收入}/\text{全国人口数}}$$

$$\text{财政分权支出指标}=\frac{\text{地方政府本级预算内支出}/\text{地方人口数}}{\text{中央本级或全国财政预算内支出}/\text{全国人口数}}$$

3. 控制变量

为能够更加全面地分析财政分权对教育经费支出的影响，本文选取以下控制变量。

（1）人均 GDP（PGDP）

GDP 代表了一个地区经济发展水平的高低，而地方政府财政收入与当地经济发展程度密切相关，所以，经济发展水平的高低也会间接影响到地方教育经费支出。同样，为控制人口因素的影响，采用人均 GDP。

（2）财政自给率（FSSR）

财政自给率表示为“地方财政一般预算内收入/地方财政一般预算内支出”，

其大小可以衡量中央转移支付对地方财政收入的影响程度，从而间接对教育经费支出产生影响。陈志勇（2012）针对部分学者将地方政府教育经费支出不足归因于财政转移支付的不足，在其文章中引入了财政自给率作为控制变量。

（二）模型设定

文章选取2002—2009年的省级面板数据分析财政分权程度对地方教育经费支出的影响，参照Keen和Marchand（1997）、张晏和龚六堂（2005）、孙群力（2009）、庞凤喜和潘孝珍（2012）等，设定面板数据模型如下：

$$EDU_{it} = \beta_1 + \beta_2 FD_{it} + \alpha Control_{it} + \varepsilon_{it}$$

式中，被解释变量 *EDU* 表示地方教育经费支出占财政支出的比重，主要解释变量 *FD* 为财政分权指标，控制变量 *Control* 表示人均 *GDP* 与财政自给率，ε_{it} 为随机扰动项，i 表示第 i 个省份，t 表示第 t 个年度。本文所使用的计量软件为Stata13。

四、实证结果

（一）变量描述性统计

文章共选取全国30个省份（西藏、香港、台湾、澳门除外）2002—2009年共240个样本进行分析，人均GDP（PGDP）取自然对数，变量描述性统计结果如表1所示。*EDU* 的均值0.206 5，表明各省份教育支出占当地财政支出的比重平均为20%左右，占比最高的省份可以达到31%，占比最低的省份为11%，由此反映出的不同省份对教育的重视程度以及教育规模还存在较大的差异。文章数据来源于《中国统计年鉴》《中国财政年鉴》《中国教育年鉴》。

表1　变量描述性统计

变量	均值	标准差	最小值	最大值	样本容量
EDU	0.206 5	0.040 9	0.116 1	0.312 6	240
*FD*1	1.123 8	1.411 4	0.34	8.33	240
*FD*2	3.893 5	3.094 4	1.24	18.73	240
PGDP	9.633	0.627	8.089	11.144 2	240
FSSR	0.513 5	0.189 4	0.177 7	0.950 9	240

（二）实证结果分析

1. 模型结果分析

如表2、表3所示，文章采用随机效应模型和固定效应模型分别对面板数据进行估计，并进行了Hausman检验，结果表明，不能可置信的在统计意义上拒绝随机效应，故以随机效应结果为例。收入指标测算的财政分权程度对于教育经费支出的影响并不十分显著，但支出指标测算的财政分权程度对于教育经费支出具有显著负面效应，并且在1%的显著性水平上显著。回归结果显示，以支出指标衡量的财政分权程度每提高1个单位，教育支出所占百分比便会下降0.004个单位，表明财政分权程度的增加会在某种程度上对教育经费支出产生负向作用，这与陈硕和高林（2012）以及安苑和王珺（2010）的实证结果一致，即以支出指标衡量的财政分权程度对于教育供给存在负面影响，并且在门限之内会存在较为严重的重视基础建设投资而忽略科教文卫投资的现象，但超过门限之外，这种负面作用便会大大降低，这点在下文中分地区回归结果中亦有体现。同时，这也与乔宝云、范剑勇和冯兴元（2005）通过研究财政分权对小学义务教育的影响所得出的结论（财政分权会使得地方政府通过竞争手段来吸引投资，但在吸引投资的过程中导致的财政支出会挤占教育支出）相一致。从各项控制变量来看，人均GDP（PGDP）对于教育经费支出具有负向作用，且其结果在1%的显著性水平上通过检验，人均GDP每增加1%，教育经费支出占比便会下降0.064个单位，这表明一开始地方的经济增长会对教育经费支出产生负面作用，即在经济尚不发达时期，地方政府会优先发展生产性领域而忽视了当地居民的公共服务需求；而从财政自给率（FSSR）来看，该指标的大小与地方教育经费支出呈显著的正相关关系，并在1%的显著性水平上通过检验，财政自给率每提高一个单位，教育经费支出占比便会增加0.1554个单位。财政自给率高，表明当地政府预算内收入占预算内支出的百分比高，其财政收入能力强，可能会有较为充裕的资金用于教育经费支出。

表2　面板数据固定效应回归结果

变量	固定效应			
*FD*1	−0.0368** (−2.42)	−0.0261 (−0.22)		
*FD*2			−0.0227*** (−12.63)	−0.01*** (−3.21)
PGDP		−0.0548*** (−13.55)		−0.036*** (−5.2)
FSSR		0.0873** (2.21)		0.0947** (2.54)
β_1	0.2479*** (14.38)	0.6924*** (17.09)	0.2948*** (41.26)	0.546*** (9.03)
N	240	240	240	240

注：***、**、** 分别表示1%、5%和10%的显著性水平。

表 3　　面板数据随机效应回归结果

变量	随机效应			
*FD*1	-0.058 (-1.52)	-0.002 2 (-0.6)		
*FD*2			-0.012 8*** (-9.14)	-0.004*** (-2.56)
PGDP		-0.547*** (-14.02)		-0.064*** (-9.14)
FSSR		0.155 6*** (6.42)		0.155 4*** (7.46)
β_1	0.21*** (30.7)	0.650 4*** (18.19)	0.256 2*** (32.26)	0.589 6*** (13.3)
N	240	240	240	240

注：***、**、** 分别表示 1%、5%和 10%的显著性水平。

2. 分地区结果分析

由于中国东、中、西部地区存在明显的经济发展差异，政府财政收入能力也大不相同，故分地区分别进行面板数据回归，以期发现不同地区之间的差异。文章对东、中、西部地区 2002—2009 年的面板数据都进行了随机效应和固定效应回归。表 4、表 5 的估计结果表明，在随机效应模型和固定效应模型中，两种指标衡量的财政分权程度都与地方政府教育经费支出具有十分显著的负相关关系，而东部地区的估计结果显示二者之间并没有显著的负相关关系，在此省略东部地区的回归结果。表 4、表 5 中的结果显示，以固定效应结果为例，在收入指标（FD1）方面，中部地区和西部地区财政分权程度每上升 1 个单位，地方政府教育经费支出占财政支出的比重便会分别下降 0.174 个单位和 0.095 6 个单位；在支出指标（FD2）方面，中部地区和西部地区财政分权程度每上升 1 个单位，地方政府教育经费支出占财政支出的比重便会分别下降 0.06 个单位和 0.021 2 个单位，这表明随着财政分权程度的提高，中部省份用于教育经费支出的下降比例大于西部地区。随机效应也得出了同样的结论。乔宝云、范剑勇和冯兴元（2005）通过研究财政分权对小学义务教育的影响得出结论：财政分权对所有地区的义务教育供给都带来了负面影响，但对于东部地区的负面影响要小于中西部地区，并且，由于人口流动性障碍的存在，财政分权对地方政府吸引投资的作用会大大削弱，贫困地区政府往往会更加忽视对教育等公共服务的供给。联系上文实证结果，东部地区财政分权程度对教育经费支出占比的影响并不显著，而中西部地区财政分权程度对教育经费支出占比却存在显著的负面效应，这也与上述结论一致。而就经济发展程度而言，东部地区优于中部地区，中部地区优于西部地区，西部地区相对而言更为贫困，但财政分权程度对教育经费支出占比的负面影响却小于相对而言较为富裕的中部地区，而造成这种结果的原因可能是由于中央近年来对教育的重视程度逐年增大，提出教育要向贫困地区倾斜的方针政策，而西部地区经济发展相对于中部地区而言较为落后，在教育方面成为中央重点关注的对象。在这种情况下，地方政府为响应中央的方针政策，就有可能会加大教育支出占财政支出的比重。而东部地区由于经济较为发达，在基础建设逐渐完善之后，便会逐渐重视科教文卫等领域的发展，从而使财政分权程度的提高不再对教育经费支出产生显著的负向作用，这也与上文提到的门限作用相符合。并且，乔宝云、范剑勇和冯兴元（2005）对此问题的研究选取的是 1979—2001 年各省份的面板数据，而在 2001 年之后，中央政府为促进西部地区教育事业的发展，出台了一系列方针政策，例如：从 2001 年起，中央财政每年安排专项转移支付资金 50 亿元，以此来补助西部困难地区中小学教职工工资的发放；2003 年 6 月，启动大学生志愿服务西部计划，鼓励高校毕业生到西部地区参与 1~2 年教育、扶贫等事业的建设；2004 年，实施国家西部“两基”攻坚计划，目标是用 5 年的时间让西部地区的孩子都获得接受教育的机会。由此可见，国家对西部地区教育事业发展的重视程度逐年加大，政策支持力度也较 2001 年以前有了极大的提高，本文选取的数据是 2002—2009 年的省级面板数据，而由于在 2001 年之后中央政府对西部地区教育事业发展出台的一系列政策，地方政府便有可能在中央的重点关注与扶持下，加大教育经费支出，从而削弱财政分权对教育经费支出占比的负面影响，最终出现西部地区的负面影响比中部地区小的结果。

表 4　中部地区面板数据回归结果

变量	固定效应		随机效应	
*FD*1	−0.174** (−2.19)		−0.094 7** (−2.22)	
*FD*2		−0.06*** (−2.93)		−0.032*** (−2.78)
PGDP	−0.033 2*** (−2.86)	−0.039 2 (1.25)	−0.037 3*** (−3.7)	0.000 7 (0.04)
FSSR	0.294 3* (1.84)	0.065 4 (0.64)	0.208 3*** (2.13)	0.064 1 (0.78)
β_1	0.483 9*** (3.61)	−0.041 4 (−0.16)	0.517*** (4.72)	0.252 (1.53)
N	64	64	64	64

注：***、**、**分别表示 1%、5%和 10%的显著性水平。

表 5　西部地区面板数据回归结果

变量	固定效应		随机效应	
*FD*1	−0.095 6*** (−2.7)		−0.061 8** (−1.99)	
*FD*2		−0.021 2*** (−3.32)		−0.014 4** (−2.38)
PGDP	−0.033** (−4.9)	−0.002 6 (−0.19)	−0.038 3*** (−5.41)	−0.017 1 (−1.28)
FSSR	0.297 7*** (4.76)	0.145 8*** (2.64)	0.198 7*** (4.02)	0.105 7** (1.98)
β_1	0.450*** (7.72)	0.239 8** (2.35)	0.515 7*** (8.53)	0.365*** (3.77)
N	80	80	80	80

注：***、**、** 分别表示 1%、5%和 10%的显著性水平。

五、政策与建议

教育对国家发展具有深远的影响。在经济全球化的今天，增大教育投资所带来的人力资本的增加对一国的未来至关重要。文章分析结果表明，地方政府教育经费支出与财政分权程度密切相关，故应逐步完善财政分权制度，给予地方教育更有利的发展机会。

首先，要进一步理顺中央地方财权与事权的关系，财权下放，给予教育发展一定的资金保障。尤其是在“营改增”完成之后，面临地方政府主体税种缺失、财政收入不足的情况下，财权与事权关系不匹配的问题进一步凸显。地方政府纵使有心发展当地教育事业，提高支出，也是心有余而力不足。从长远来看，地方政府要想在教育等公共事业方面加大投入，必须有稳定的收入来源，因此，确立地方主体税种，赋予地方政府更多的财权迫在眉睫。而从短期来看，由于确立地方主体税种，完善财政分权制度需要时间较长，在短时间内难以完成，故为促进地方教育的发展，应加大转移支付力度，尤其是对中、西部地区的转移支付，在专项转移支付方面，重点关注教育领域，尤其是基础教育阶段，尽可能先实现基础教育阶段各地区的教育公平。

其次，应将地方教育事业的发展纳入官员晋升考核体系。在国家经济高度发展之后，更应关注的是科教文卫等领域的发展，将教育发展水平等指标纳入官员晋升考核体系，从而有助于防止地方政府官员只重视经济增长而忽略其他关乎居民生活福利的领域。

参考文献：

[1] 安苑，王珺. 财政分权与支出偏向的动态演进——基于非参数逐点估计的分析 [J]. 经济学家，2010 (7).

[2] 陈倩，康建英. 财政分权对西部地区教育支出影响的实证分析 [J]. 改革与战略，2008 (7).

[3] 陈硕. 分税制改革、地方财政自主权与公共品供给 [J]. 经济学（季刊），2010 (10).

[4] 陈硕，高琳. 央地关系：财政分权度量及作用机制再评估 [J]. 管理世界，2012 (6).

[5] 陈志勇，张 超. 财政分权对我国地方政府教育支出的影响研究 [J]. 教育与经济，2012 (4).

[6] 龚锋，雷欣. 中国式财政分权的数量测度 [J]. 统计研究，2010 (10).

[7] 龚锋，卢洪友. 公共支出结构、偏好匹配与财政分权 [J]. 管理世界，2009 (1).

[8] 罗伟卿. 财政分权是否影响了公共教育供给——基于理论模型与地级面板数据的研究 [J]. 财经研究，2010 (11).

[9] 平新乔，白洁. 中国财政分权与地方公共品的供给 [J]. 财贸经济，2006 (2).

[10] 乔宝云，范剑勇，冯兴元. 中国的财政分权与小学义务教育 [J]. 中国社会科学，2005 (6).

[11] 王文剑，覃成林. 地方政府行为与财政分权增长效应的地区性差异 [J]. 管理世界，2008 (1).

[12] 辛冲冲，周全林. 财政分权促进还是抑制了公共环境支出——基于中国省级面板数据的经验分析 [J]. 当代财经，2018 (1).

[13] 徐鹏庆，杨晓雯，郑延冰. 政治激励下地方政府职能异化研究——以基础教育的供给为例 [J]. 财政研究，2016 (5).

[14] 张晏，龚六堂. 分税制改革、财政分权与中国经济增长 [J]. 经济学（季刊），2005 (4).

[15] 赵志耘，郭庆旺. 论中国财政分权程度 [J]. 财税观察，2005 (11).

[16] 周亚虹，宗庆庆，陈曦明. 财政分权体制下地市级政府教育支出的标尺竞争 [J]. 经济研究，2013 (11).

[17] QIAN Y, GERALD R. Federalism and the Soft Budget Constraint [J]. The American Economic Review, 1998 (88): 1143- 1162.

[18] ZHANG T, HENG FU Z. Fiscal Decentralization, Public Spending, and Economic Growth in China [J]. Journal of Public Economics, 1998 (1): 221-240.

工业用地招拍挂制度和地方政府土地财政政策

张　涌

内容提要：实行土地市场化改革以来，土地价值逐渐显现，尤其是自1998年的住房制度改革和1999年的招拍挂制度出台以来，政府获取的土地收益呈现增长态势。一方面，在政治激励下，地方政府通过协议出让的方式低价出让工业用地，吸引外资，从而实现辖区GDP的快速增长；另一方面，在财政激励下，地方政府实行以招拍挂形式出让商业用地获取高额的土地收益，来弥补协议出让工业用地的损失，同时为招商引资储蓄资本。2006年8月31日，国务院颁发的《关于加强土地调控有关问题的通知》要求，工业用地必须采用招标拍卖挂牌方式出让，其出让价格不得低于相关部门公布的最低价，这对于政府的土地财政政策产生了一定冲击。本文利用2003—2013年的省级面板数据，通过双重差分法实证分析2006年工业用地实行招拍挂制度对于地方政府土地财政的影响。结果表明，2006年工业用地招拍挂制度提高了地方政府的土地出让收入，在财政激励和政治激励下，地方政府实行更为激进的土地财政政策。

关键词：土地出让市场化；土地财政；工业用地招拍挂；双重差分法

一、引言

近年来，房价暴涨，房地产市场节节攀升，地方政府通过土地出让获得了巨额收益。自土地市场化改革以来，土地作为稀缺性资源，其市场价值逐渐凸显，地方政府通过土地出让方式获得的收入有效弥补了分税制下财力紧缺，除了土地出让收入以外，土地征用、开发和出让行为及其带动的建筑业和房地产业发展和城市拆迁、建设规模的扩大带来的地方税收收入增长，同样成为地方财政收入的重要部分。统计数据表明，全国31个省（市、区）的土地出让收入由1999年的514亿元增长到2013年的4.37万亿元，达到预算内收入的63.4%。除此之外，地

作者简介：张涌，西南财经大学财政税务学院硕士研究生。

方政府作为土地供给的垄断者，采取价格歧视的方式来经营辖区内的土地，一方面，通过招拍挂方式高价出让商业用地，获取高额的土地出让金；另一方面，通过协议出让的方式低价出让工业用地，通过土地来吸引外资。2006 年 8 月 31 日，国务院颁布《关于加强土地调控有关问题的通知》，要求工业用地必须采用招标拍卖挂牌方式出让，其出让价格不得低于相关部门公布的最低价标准。该规定的出台，一方面加快了地方政府土地出让的市场化进程；另一方面规范了工业用地的出让方式，缩小了地方政府对于辖区土地的支配权，使得地方政府以地引资的能力受到了大幅削弱，在政治激励和财政激励下政府可能采用更加激进的土地财政政策。

二、文献综述

当前大量文献将政府的土地财政行为归结于分税制（张晏等，2005；吴一平，2008）。1994 年，我国实行了分税制改革，其目的在于扭转中央财政的不利地位，提高财政收入占国民收入的比重和中央财政收入占全国财政收入的比重。如图 1 所示，分税制改革以后，中央政府收入占全国财政收入的比重由 1993 年的 22%直接上升到 55.7%，之后虽然有所波动，但是其比重逐渐稳定到 52%左右。分税制改革仅仅规定了中央政府和地方政府的收入分成，而并没有调整中央政府和地方政府的支出责任，造成了财权逐层上移，事权却逐层下放。如图 2 所示，相比于中央政府，地方政府的财政收入比重由 78%下降到 44%，而财政支出占全国财政支出的比重为 70%，其中支出与收入的缺口达到了 26%。分税制无疑加剧了地方政府的财政压力。除此之外，1994 年之后的数次税收分成改革都使得财权上移，如 2002 年所得税分成改革、2006 年取消农业税。

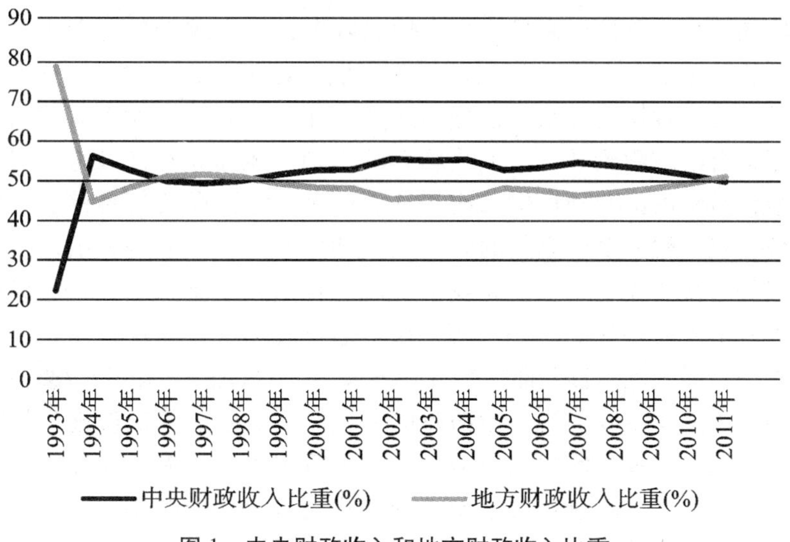

图 1　中央财政收入和地方财政收入比重

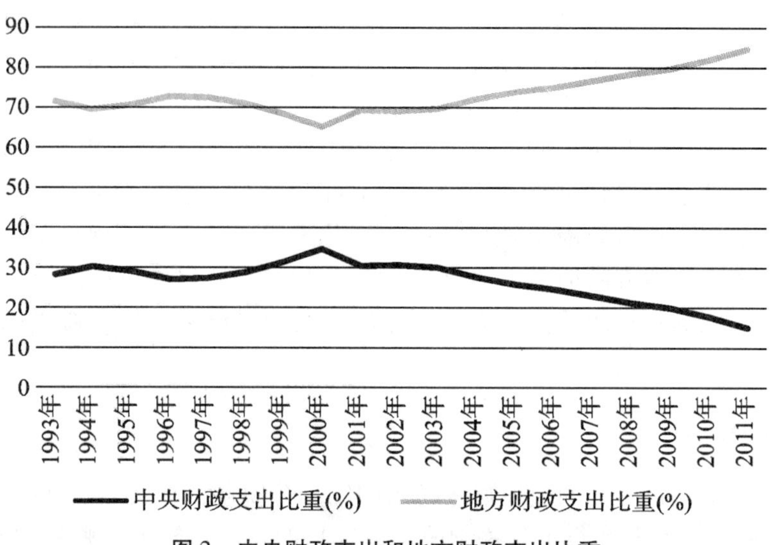

图 2 中央财政支出和地方财政支出比重

地方政府为了释放财政压力、弥补财力缺口，在财政激励下，地方政府会通过征收更多的预算外收入来弥补财力不足。土地出让金是预算外收入的主体。一方面，中央对于土地出让金的分成比例较低，几乎全部的收入都归地方所有；另一方面，地方政府对于土地出让收入有更大的决策空间。除了直接的土地出让金外，政府土地出让带来的房地产、建筑业的发展充实了当地的税基，在增加预算外收入的同时也增加了预算内收入，因此，政府会十分偏爱土地财政。（吴群和李永乐，2010）

但是，一些学者认为纵向竞争带来的财政压力无法完全解释地方政府的土地出让行为（周黎安，2007）。迫于财政压力，地方政府为了实现出让收入的最大化，应该倾向于出让单价较高的土地。但实际上，地方政府一方面通过协议出让的方式以低价甚至是“零成本”出让工业用地；另一方面通过招拍挂形式高价出让商业用地，而学者将地方政府这样的土地出让行为归结于地方竞争的结果。地方政府除了面对财政激励外，还面临着政治激励。地方政府官员为了实现职位晋升，会对政治激励做出合理反应。改革开放以来，中国在政治集权下采取了适宜的地方经济分权，地方政府官员的晋升与其辖区经济绩效显著相关，结果地方政府官员为经济增长而竞争。投资是我国经济增长重要驱动因素，因此吸引外资成为地方政府官员发展辖区经济的主要手段。地方政府官员为增长而竞争自然就演变为引资竞争，展开政治晋升锦标赛（周黎安等，2005；周黎安，2007）。地方政府官员招商手段除了税收优惠、扭曲政府支出结构、改善基础设施和放松环境规制标准之外，还会通过低价出让土地的方式来吸引外资。为了弥补以地引资带来的土地出让损失，地方政府通过招拍挂的方式高价出让商业用地，获取高额的土地出让收益，同时为地方政府下一轮的引资大战提供充裕资本（唐鹏等，2014）。因此，伴随着地方竞争的越加激烈，地方政府土地出让价格歧视行为会更加严重。

地方政府以地引资的行为不仅仅是政治激励的结果，也是在财政激励下长期行为的结果，通过“放水养鱼”的方式吸引外资进入，在推动辖区内部经济发展、就业的同时，企业的壮大为地方政府的企业所得税、个人所得税、增值税和营业税提供了税基。

综上所述，中央政府和地方政府的纵向竞争带来的财政激励以及地方政府间的横向竞争带来的政治激励是地方政府实行土地财政的根源。

当前的学术研究主要集中于财政体系变革造成的地方政府财力的变化对于土地财政的影响，并没有讨论财政体系变革造成的地方土地控制权的变化对于地方政府土地财政的影响。基于研究现状，本文基于2003—2013年省级面板数据，通过双重差分法研究2006年工业用地招拍挂制度对于地方土地财政的影响。

三、逻辑框架

根据上述文献，横向竞争和纵向竞争带来的财政激励和政治激励，使得地方政府十分依赖土地财政。一方面，在财政激励下，政府会采用招拍挂制度高价出让商业用地直接获取土地出让收益的短期行为；另一方面，在财政激励和政治激励下，政府会采用协议出让的方式低价出让工业用地，实行以地引资。而地方政府之所以可以实行高价出让商业用地，低价出让工业用地的价格歧视政策，一方面是因为地方政府是土地供给的垄断者；另一方面则是中央政府对于地方政府的土地干预较少，地方政府实际掌握辖区内土地的支配权。

由于中央政府缺乏对地方土地的干预，导致全国没有统一规范的土地出让制度，而地方政府利用制度漏洞攫取了巨大的利益，一方面导致各地的“地王”频现，另一方面导致地方政府国土部门的腐败现象频发。

2006年8月31日，国务院颁发的《关于加强土地调控有关问题的通知》要求，工业用地必须采用招标拍卖挂牌方式出让，其出让价格不得低于相关部门公布的最低价。这一规定的出台规范了工业用地的出让方式，最主要的是这一规定限制了地方政府对于辖区土地的实际控制权。由于工业用地只能通过招拍挂制度进行市场化定价，地方政府无法通过低价出让土地来吸引外资。一方面，导致地方政府通过吸引外资进入推高经济增长的政策的破产。在政治激励下，地方政府可能会通过大幅增加市政建设支出，以政府支出的形式推高当地GDP的增长，在支出增加政策指引下，地方政府又激励增加更多的土地出让收入。另一方面，由于地方吸引外资进入的能力大大削弱，在财政激励下，地方政府业会放弃“放水养鱼”的长期行为，大幅度提高土地收入，弥补未来由于税基流失带来的财政收入损失。然而，由于以地引资政策对于各地政府的重要性不同，则工业用地招拍挂制度对于其土地财政政策的冲击也就不同。如果以地引资对于地方政府十分重要，那么由于政策出台所导致的以地引资政策的破产会导致地方政府行为发生很大变化。一方面，由于以地引资政策破产导致地方经济增长无法靠引进外资投资来推动。此时地方政府在政治绩效的激励下，会倾向于增加政府支出，如市政建设支出和固定资产投资，通过政府支出的手段拉动经济增长。由于政府支出的增加，会使得政府对土地出让收入有更高的要求，此时地方政府有动机去通过更多的土地出让获取高额的土地出让金。另一方面，政策变动导致地方政府“放水养鱼”的政策破产，这也意味着地方未来的税基流失。在财政激励下，地方政策会采取更加激进的政策，如大面积的出让土地来弥补其财政损失。

基于上述分析可以看出，工业用地招拍挂制度的颁布对于地方政府的土地财政行为造成冲击，以地引资对于该地方政府越重要，则政策的出台对于地方政府土地财政行为的影响则越大。本文通过招拍挂出让土地价格与协议出让土地价格的差值来衡量以地引资对于该地区的重要程度。因为以地引资对于该地区十分重要，那么该地区政府会采取比较极端的价格歧视，极力压低协议出让的价格，抬高招拍挂出让土地的价格。地方政府土地财政政策如图3所示。

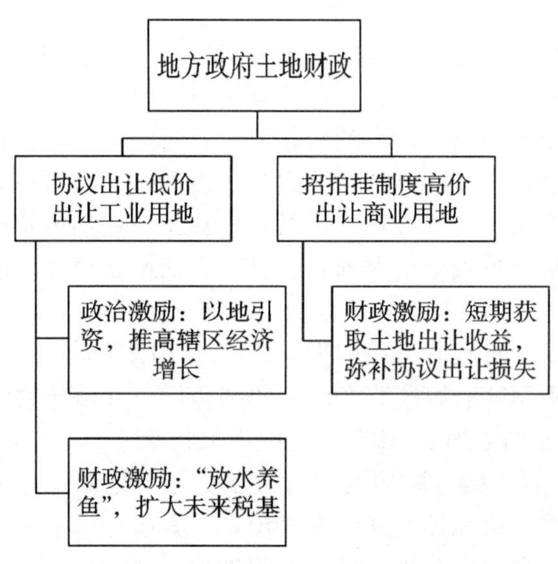

图3　地方政府土地财政政策

四、模型设定、变量选择和数据来源

本文以2005年招拍挂土地价格和协议出让土地价格的差值来衡量以地引资对于该地区的重要性，以该指标的中位数将全国30个省（市、区）分为控制组和处理组。

（一）模型设定

本文借鉴 Shawn Xiaoguang Chen，将双重差分法模型设定为：

$$landR_{it} = \beta_0 + \beta_1 Dprice_{i,\ 2005} \times post_{it} + \rho \times Control_{i,\ t} + \sigma_i + \varepsilon_{i,\ t}$$

其中，下标i和t分别代表第i个省份第t年，样本包括30个省（市、区）（不包括港澳台和西藏）。其中，β_0 为常数项，β_1 表示工业用地招拍挂制度对于地方政府土地出让收入的影响，ρ 为控制变量的系数矩阵，σ_i 为个体固定效应，$\varepsilon_{i,\ t}$ 为残差项。

（二）变量选择和数据来源

本文被解释变量为土地出让收入 $landR_{it}$（取对数后），其中土地出让收入的变化直接反映地方政府土地财政政策的变化。

1. 被解释变量

$$Dprice_{i,\ 2005} \times post_{it}$$

其中，$Dprice_{i,\ 2005}$ 表示以地引资对于第 i 个省份的重要程度。本文以 2005 年各省份招拍挂土地价格和协议出让土地价格的差值（取对数）来衡量。$post_{it}$ 表示政策实行的虚拟变量。

$$post_{it} = \begin{cases} 1, & ift \geqslant 2006 \\ 0, & ift < 2006 \end{cases}$$

2. 控制变量

（1）纵向竞争的财政压力

根据相关文献可以得出，纵向竞争导致的财政压力越大，就会使地方政府通过出让土地获取高额的土地出让收益。本文通过一般预算支出/一般预算收入来衡量该变量。该指标越大，反映地方政府财政压力越大。

（2）地方政府横向竞争压力

在“晋升锦标赛”中，财政收入和经济增长是主要的评价标准。一个地区的横向竞争压力越大，该地区政府在财政激励下，越有动机通过出让土地获取高额的土地出让金，从而充实本地财政收入。本文采用人均 FDI 作为衡量横向竞争压力的指标。

（3）产业结构

一个地区产业结构对于该地区的土地价格有着重要影响，由于当前各个地区的经济增长主要依靠非农产业来推动，经济的繁荣会推动地价的上升，地价直接影响地方政府的土地出让收入。本文采用第二、第三产业增加值占各省 GDP 总值的比重衡量产业结构的指标。

（4）城市化水平

城市化水平一方面代表着该地区的基础设施建设水平。城市化水平越高，基础设施越完善，从而推动着地价的上升。另一方面，城市化水平带来了用地需求。城市化水平越高，用地需求就越大。在土地供给相对稳定的条件下，城市化水平推动了地价的上升，从而影响了地方政府土地出让收入。本文采用城市建成面积与城区面积的比重来衡量城市化的指标。

本文数据主要来源于《中国国土资源统计年鉴》《中国区域经济统计年鉴》和国家统计局，其中一般预算支出数据、一般预算收入数据以及第二、第三产业增加值和地区建成区面积与城区面积数据来自国家统计局网站，土地出让收入和面积、协议出让土地收入和面积、招拍挂土地出让收入和面积均来自《国土资源年鉴》，相关数据的遗漏则通过《城市建设年鉴》来补充。

本文使用2005年招拍挂出让土地价格与协议出让土地价格的差值的中位数将全国30个省（市、区）划分为处理组和控制组。

各变量的描述性统计量如表1所示。

表1 描述性统计量

变量名	样本量	均值	标准差	最小值	最大值
年份（year）	330	2 008	3.167 08	2 003	2 013
城市化水平（city）	330	0.245 288 2	0.157 090 6	0.017 316 8	0.825 478 1
纵向竞争的财政压力（unbalance）	330	0.517 597 2	0.193 397 6	0.148 264 7	0.950 863 5
地方政府横向竞争压力（compete）	330	124.609 7	166.437 5	0.803 143 4	1 143.272
产业结构（stru）	330	0.880 141 4	0.061 651	0.677 056	0.994 275 9
政策变量（post）	330	0.636 363 6	0.481 776 2	0	1
招拍挂价格与协议出让价格之差（price）	330	516.475 1	397.240 4	85.359 83	1 976.314
土地出让收入（landr）	330	5 962 816	8 026 598	16 400.88	6.11E+07
土地出让收入取对数后的值（lnland）	330	14.794 23	1.454 343	9.705 091	17.928 83
招拍挂价格与协议出让价格之差取对数后（Dprice）	330	6.018 244	0.672 602 4	4.446 876	7.588 989

五、实证分析

（一）双重差分法

双重差分（DID）模型的核心是将公共政策视为自然实验，主要用来评价一项政策带来的净效应。该模型先分别计算出处理组和控制组在政策实施前后的变化量，再求出这两个变化量的差值，即进行两次差分估算，从而得到政策对处理组的净效应。

而DID的前提条件则是要有共同趋势。只有这样，DID才能将所有在处理（干预）发生时的处理组与控制组变化的差异，都归因于处理（干预）的效应。如果有其他的因素影响着两个群组的趋势差异，那么估计将出现偏误。

因此，本文对处理组和控制组的土地收入进行平行趋势检验。图3为处理组和控制组土地收入的时间趋势图（均为每组均值）。

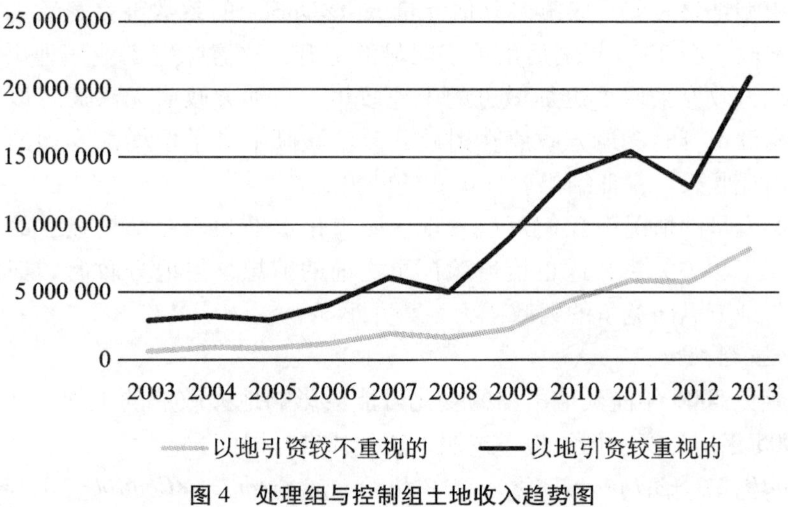

图 4　处理组与控制组土地收入趋势图

由图 4 可知，处理组和控制组在 2006 年前一直保持着平行的趋势，2006 年之后控制组和处理组趋势发生明显的变化，因此，处理组和控制组满足平行趋势。

（二）实证结果

根据现实的情况，各省份的土地财政政策有其地方特色，因此，本文使用固定效应模型。结果如表 2 所示。

表 2　实证结果　单位：万元

	lnland
post×Dprice	0. 134 291*** (5. 692 71)
unbalance	−0. 564 18 (−0. 397 7)
compete	0. 000 973 (1. 313 09)
city	1. 045 717* (1. 994 4)
stru	16. 188 95*** (3. 456 32)
_cons	−0. 054 33 (−0. 013 8)
F 统计量	70. 1
Prob > F	0. 00

注：***、** 和 * 分别表示在 1%、5%和 10%的水平上显著；括号内表示 t 统计量。

上述模型结果表明，双重差分估计量 post×Dprice 的系数都是显著的，即地方政府的土地收入在 2006 年之后出现了明显的上升，这意味着工业用地出让政策的出台使得地方政府采取了更加激进的土地政策。当地方政府无法通过以协议出让的方式来招商引资时，地方政府在财政和政治激励下会采取增加卖地的方式直接获取土地出让收入。实证结果验证了我们的猜想。

从控制变量的情况中我们可以发现，城市化水平和产业结构显著的与土地出让收入呈现正相关关系，这也恰恰验证了之前的猜想，但地方政府的横向竞争压力和中央与地方纵向竞争的财政压力系数并不显著。

(三) 安慰剂检验

为了避免 2006 年前其他事件的变化可能会影响地方政府的土地出让收入，我们选取 2005 年作为安慰剂年份，按照下述公式进行回归。

$$landR_{it}=\beta_0+\beta_1 Dprice_{i,2005}\times post_{it}+\beta_2 Dprice_{i,2005}\times year_{it}+\rho\times Control_{i,t}+\sigma_i+\varepsilon_{i,t}$$

其中, $year_{it}=\begin{cases}1, & ift \geq 2005\\ 0, & ift < 2005\end{cases}$

如果 β_2 不显著，则说明 2006 年的其他事件不会影响地方政府的土地出让收入。此时，地方政府的土地出让收入的变化与其他事件无关。结果如表 3 所示。

表 3 安慰剂检验结果 单位：万元

lnland	Coef.
Post×Dprice	0.135 361*** (7.04)
Dprice×year	−0.001 99 (−0.09)
unbalance	−0.544 05 (−0.55)
compete	0.000 972* (2.09)
city	1.057 394** (3.00)
stru	16.237 55*** (7.59)
_cons	−0.105 62 (−0.05)
F 统计量	99.33
Prob > F	0

注：***、** 和 * 分别表示在 1%、5%和 10%的水平上显著；括号内表示 t 统计量。

结果表明，Dprice×year 的系数是不显著的，即 2005 年地方政府土地出让收入（改革正式实行前一年）的变化趋势没有发生明显的波动。这表明地方政府土地出让收入的明显变动可以归于工业用地招拍挂制度的实行。

六、结论和对策建议

（一）研究结论

本文在双重差分（DID）的基础上，以 2003—2015 年全国 30 个省份的面板数据为样本，来研究工业用地招拍挂出让制度对于地方政府的土地出让收入影响。研究发现，工业用地招拍挂制度的出台使得地方政府的土地出让收入出现了明显的增长。这表明通过低价协议出让工业用地来招商引资的政策破产后，地方政府在财政激励和政治激励下选择了更加激进的政策，更多地采用直接卖地的方式短期内获取土地出让收入。

（二）对策建议

在前文分析的基础上，本文认为地方政府的土地财政政策对于工业用地招拍挂制度的变化主要归因于当前我国的财政激励和政治激励，根本原因在于当前中央和地方政府财权与事权的划分和政绩考核机制。鉴于此，本文提出几点政策建议：

第一，正确划分中央与地方政府的财权与事权，实现财权与事权相匹配。地方政府实行土地财政的很大一部分原因在于财政压力的推动，地方政府预算内收入和中央的转移支付无法满足地方经济发展与民生建设支出，使得地方政府有动机去通过土地财政的方式获取足够的预算外收入来弥补不足的预算内收入。因此，要根本改变地方政府对于土地财政的依赖，必须正确划分地方的财权和事权，从而降低地方政府采用土地财政的动机。

第二，改变当前的政绩考核机制。当前我国主要通过一个地区的 GDP 增长速度来衡量该地区官员的政绩，地方官员在政治激励下会采取一系列行为极力地推高该地区的经济。这些行为往往是激进、短期成效快、长期不利于该地区发展的行为。正如本文研究的土地财政问题，为了避免这种问题的出现，在考核地方官员时不能仅考虑地方的经济增长、财政收入等量的指标，还要更加注重经济增长质量、人民生活质量和营商环境等质的指标。

参考文献：

[1] 周黎安. 晋升博弈中政府官员的激励与合作 [J]. 经济研究，2004 (6).

[2] 周黎安. 中国地方官员的晋升锦标赛模式研究 [J]. 经济研究，2007 (7).

[3] 王永钦，张晏，章元，等. 中国的大国发展道路——论分权式改革的得失 [J]. 经济研究，2007 (1).

[4] 吴群，李永乐. 财政分权、地方政府竞争与土地财政 [J]. 财贸经济，2010 (7).

[5] 吴一平. 财政分权腐败与治理 [J]. 经济学 (季刊)，2008 (3).

[6] 唐鹏，周来友，石晓平. 地方政府对土地财政依赖的影响因素研究——基于中国1998—2010年的省际面板数据分析 [J]. 资源科学，2014，36 (7)：1374-1381.

[7] 周飞舟. 大兴土木：土地财政与地方政府行为 [J]. 经济社会体制比较，2010，(3)：83-95.

[8] 张学博. 分税制、土地财政与官员晋升锦标赛 [J]. 科学社会主义（双月刊），2014 (5).

[9] SHAWN XIAOGUANG CHEN. The effect of a fiscal squeeze on tax enforcement: Evidence from anatural experiment in China [J]. Journal of Public Economics, 2017, 147: 62-76.

[10] ZHANG XIAOBO. Fiscal decentralization and political centralization in China: Implications for growth and inequality [J]. Journal of Comparative Economics, 2006, 34: 713-726.

江西省医疗卫生及计划生育财政支出区域化差异研究

张志斌　杨良松　何　晶

内容提要： 本文运用泰尔指数及分解方法，测算江西省赣北、赣中及赣南（本文中划分为区域北、区域南）区域2007—2016年医疗卫生及计划生育财政支出差异化及均等化效应。测算结果表明，在以人口为权重的情况下，南北区域内医疗卫生及计划生育财政支出差异化、不均衡性正在增强，而区域间差异化及不均衡性正在减弱。并且通过离差指数测算对该结论进行检验，进一步验证了该结论。本文所显示数据以及分析结果对江西省、县市级的转移支付及财政支出结构调整具有重要的参考及借鉴意义。

关键词： 医疗卫生及计划生育支出；泰尔指数；均等化效应

一、引言

（一）研究背景

民生大计是国之根本。目前我国医疗水平无论是在广度上还是在深度上都有了非常大的改善，各省各地级市医疗卫生服务支出均呈逐年上升趋势。虽然各省医疗卫生服务财政支出均保持上升态势，但各省区财政卫生经费支出差异显著。从全国来看，经费支出的区域构成表现为东高中低状态。无论是从医疗卫生服务财政支出的区域构成还是从区域人均医疗卫生服务财政支出都可以看出，各省区的医疗卫生服务财政支出差异显著。并且进行更加深入的分析，在很多发展不均衡的省份其内部依旧存在非常大的区域性差异，造成极大的医疗卫生服务的不平等性。而这种省区间的不平等现象在一些省区内部各区域间也显得尤为突出。

作者简介： 张志斌，西南财经大学财政税务学院本科生；杨良松，西南财经大学财政税务学院财政系主任，硕士生导师；何晶，西南财经大学财政税务学院本科生。

（二）研究内容及目的

本文主要通过对2007—2016年江西省各区域内的地级市的医疗卫生及计划生育支出数据进行泰尔指数测算，研究其江西省区域北、区域南的区域内以及区域间差异，并具体测算出江西省的区域内、区域间是否存在地区间医疗卫生及计划生育支出不均衡的程度，同时对江西省地区间的不平衡现象区域内、区域间的贡献率进行探究。

（三）研究意义

目前国内学者对医疗卫生服务公平性的研究主要集中在筹资的公平性以及医疗资源配置公平两个方面，研究视角为地区差异和城乡差异。然而，对于后者而言，要实现医疗资源配置的公平必须要满足筹资公平这一条件。而医疗卫生服务就我们国家而言大多数是政府投入，所以要实现筹资公平即满足政府投入公平。然而，政府投入是否公平？如果不公平，其不公平程度又存在多大的差异？

（四）研究方法及研究框架

1. 研究方法

（1）实证分析

以江西省医疗卫生及计划生育财政支出为研究对象，结合财政学、统计学、管理学等学科的基本理论和方法，对江西省不同区域间的差异化、均等化效应进行研究。

（2）定量分析

在本文的研究中，通过进行数据挖掘，为后续所用到的相关数据定量测算提供基础数据。并且由基础数据与衍生数据进行结合分析，对江西省医疗卫生及计划生育财政支出进行定量比较、定量分析，得出相关结论。

（3）泰尔指数测算分析以及离差率检验

由基础性数据和一般衍生数据对江西省区域内、区域间进行泰尔指数数值测算，为本文的主要研究方向提供参数支持，进行分析总结，并通过离差率计算对结果进行验证。

2. 研究框架

（1）通过数据挖掘进行泰尔指数测算。

（2）通过泰尔指数测算数据分析得出一般性结论。

（3）通过标准差测算对结论进行检验。

江西省区域划分为赣北、赣中及赣南地区。其中，赣北包括南昌、九江、萍乡、景德镇、新余、鹰潭、宜春及上饶8个地级市，赣中包括鹰潭、宜春两个地级市，赣南主要包括赣州一个地级市。三区域间经济水平、民生条件、政府财政收入、政府财政支出都存在非常大的差异，区域间发展不平衡现象明显。

由于赣中、赣南包含的地级市数量较小，并且赣中、赣南条件相近，与赣北具有明显的差异。为了进行较为合理的对比并且简化分析，在本文中将赣中、赣南作为一个区域考虑，定为区域南，相应的赣北定为区域北。

二、江西省区域北与区域南两区域的泰尔指数测算

为更好地体现江西区域北、区域南医疗卫生及计划生育财政支出的区域内以及区域间的差异及均等化效应，故引入泰尔指数对江西区域北以及区域南的医疗卫生及计划生育财政支出进行测算，通过数据对两区域 2007—2016 年的区域内、区域间的差异程度以及演变进行实证探析，对两区域的均等化效应做出分析。

（一）泰尔指数测算方法公式以及具体指标对应情况

泰尔指数测算公式以及具体指标对应情况如下：

$$T_j = \sum_i [h_{ji}/h_j] ln [(h_{ji}/h_j)/(p_{ji}/p_j)] \tag{1}$$

$$T_{区域内} = \sum_j (h_{ji}/h_j) \times T_j = \sum_j \sum_i \{(h_{ji}/h_j) \ln[(h_{ji}/h_j)/(p_{ji}/p_j)]\} \tag{2}$$

$$T_{区域间} = \sum_j (h_j/h) \times ln [(h_j/h)/(p_j/p)] \tag{3}$$

$$区域内贡献率 = T_{区域内}/(T_{区域内} + T_{区域间}) \tag{4}$$

$$区域间贡献率 = T_{区域间}/(T_{区域内} + T_{区域间}) \tag{5}$$

公式（1）测算 j 区域内部各地级市医疗卫生及计划生育财政支出的泰尔指数。

公式（2）和公式（3）分别测算的是泰尔指数区域内以及区域间的分解。（式中，h 代表医疗卫生及计划生育财政支出。p 视不同情况赋予不同值：在以 GDP 为权重下 p 代表 GDP，在以人口为权重测算泰尔指数下 p 代表人口。j 代表区域，即 j = 区域北、区域南。i 代表各地级市，即 i = 南昌、九江、景德镇、萍乡、鹰潭、宜春、上饶、新余、吉安、抚州、赣州。h_{ji} 代表 j 区域 i 市的医疗卫生及计划生育财政支出。）

（二）泰尔指数测算结果及分析

1. 以 GDP 为权重的情况下泰尔指数测算结果及分析

以 GDP 为权重[①]的情况下 2007—2016 年江西省区域北、区域南、区域内、区域间的医疗卫生及计划生育支出泰尔指数以及贡献率测算结果见表 1。

① 以 GDP 为权重是指将原公式中的人口数换成 GDP 计算单位 GDP 对应的泰尔指数。

表 1　　以 GDP 为权重下泰尔指数测算结果

年份	T 区域北	T 区域南	T 区域内	T 区域间	区域内贡献率（%）	区域间贡献率（%）
2007	0. 267 2	0. 090 1	0. 260 6	0. 060 3	81. 20	18. 80
2008	0. 268 2	0. 070 0	0. 258 3	0. 026 4	90. 72	9. 28
2009	0. 238 5	0. 029 1	0. 215 8	0. 083 2	72. 17	27. 83
2010	0. 274 8	0. 093 6	0. 319 3	0. 098 2	76. 49	23. 51
2011	0. 264 1	0. 030 0	0. 256 3	0. 138 2	64. 97	35. 03
2012	0. 248 2	0. 037 1	0. 253 7	0. 114 8	68. 85	31. 15
2013	0. 275 7	0. 045 0	0. 290 1	0. 139 9	67. 46	32. 54
2014	0. 276 9	0. 025 0	0. 277 8	0. 140 6	66. 40	33. 60
2015	0. 283 2	0. 090 5	0. 351 8	0. 166 1	67. 93	32. 07
2016	0. 277 9	0. 087 4	0. 345 0	0. 174 8	66. 38	33. 62
最大值	0. 283 2	0. 093 6	0. 351 8	0. 174 8	90. 72	35. 03
最小值	0. 238 5	0. 025 0	0. 215 8	0. 026 4	64. 97	92. 80
平均值	0. 267 5	0. 059 8	0. 282 9	0. 144 3	72. 76	27. 74

从表 1 中可以看出，在以 GDP 为权重的情况下，2007—2016 年区域北的泰尔指数数值均较大，2015 年出现最大值 0. 283 2，2009 年出现最小值 0. 238 5，并且均值处于较高水准，测算结果表明了在以 GDP 为权重的情况下江西省区域北医疗卫生及计划生育财政支出地区间非常不平衡，均等化效应较弱。从江西省区域南的测算数据来看，其医疗卫生及计划生育财政支出泰尔指数为 0. 025 0~0. 093 6，处于较低水平，表明江西省区域南的医疗卫生及计划生育财政支出差异化较小，均等化效应较强，区域内地级市之间配置相对合理。

综合两个区域来看：由表 1 中的数据以及图 1 可知，在以 GDP 为权重的情况下，江西省医疗卫生及计划生育财政支出区域北的泰尔指数在 2007—2016 年均高于区域南，并且大致为区域南的 3 倍。另外，由表 1 和图 2 可以得出在江西省区域北和区域南部在医疗卫生及计划生育财政支出存在较大的地区差异。从表 1、图 1 及图 2 可以看出，在以 GDP 为权重的情况下 2007—2016 年江西省南北区域的医疗卫生及计划生育财政支出的不平衡性、不合理性大多数由区域内差异所导致，但是这种区域内贡献率呈现下降趋势，而区域间贡献率呈现上升趋势。

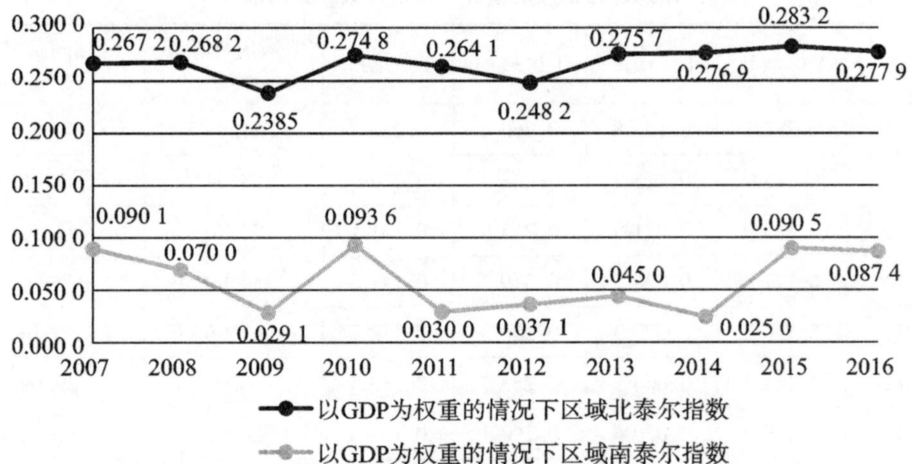

图 1　2007—2016 年以 GDP 为权重的情况下江西省医疗卫生及计划生育财政支出区域北、区域南泰尔指数变化

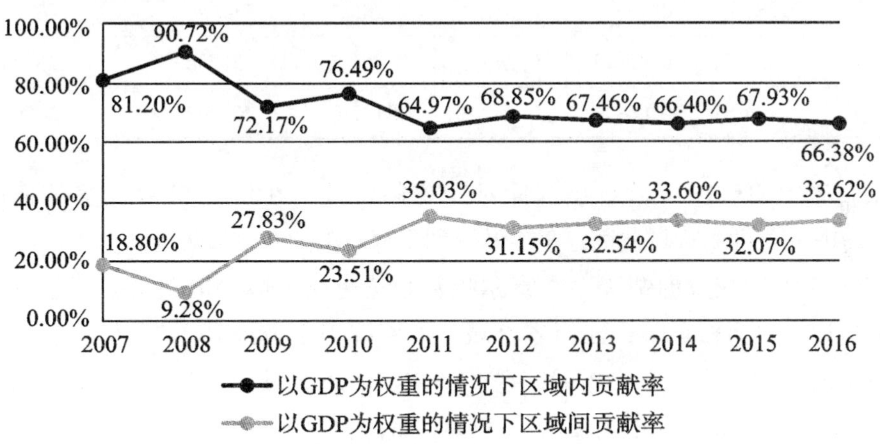

图 2　2007—2016 年以 GDP 为权重的情况下江西省医疗卫生及计划生育财政支出区域内、区域间贡献率变化

2. 以人口为权重的情况下泰尔指数测算结果及分析

以人口为权重①的情况下 2007—2016 年江西省区域北、区域南、区域内、区域间医疗卫生及计划生育支出的泰尔指数以及贡献率测算结果见表 2。

① 以人口为权重是指按照原公式计算单位人口对应的泰尔指数。

表 2　以人口为权重的情况下泰尔指数测算结果

年份	T 区域北	T 区域南	T 区域内	T 区域间	区域内贡献率(%)	区域间贡献率(%)
2007	0. 282 1	0. 121 8	0. 260 6	0. 285 7	51. 36	48. 64
2008	0. 245 9	0. 125 2	0. 258 3	0. 210 9	58. 54	41. 46
2009	0. 183 0	0. 071 5	0. 215 8	0. 151 1	58. 70	41. 30
2010	0. 177 7	0. 026 5	0. 319 3	0. 141 6	54. 90	45. 10
2011	0. 150 3	0. 070 3	0. 256 3	0. 112 7	63. 86	36. 14
2012	0. 164 7	0. 064 2	0. 253 7	0. 133 4	60. 91	39. 09
2013	0. 168 0	0. 059 6	0. 290 1	0. 103 3	66. 92	33. 08
2014	0. 156 7	0. 080 6	0. 277 8	0. 105 0	68. 04	31. 96
2015	0. 162 4	0. 041 9	0. 351 8	0. 073 1	72. 39	27. 61
2016	0. 154 8	0. 037 3	0. 345 0	0. 061 7	74. 56	25. 44
最大值	0. 282 1	0. 125 2	0. 351 8	0. 285 7	74. 56	48. 64
最小值	0. 150 3	0. 026 5	0. 215 8	0. 061 7	51. 36	25. 44
平均值	0. 184 6	0. 069 9	0. 282 9	0. 137 9	63. 02	36. 98

从表 2 中的数据可以看出：针对特定的区域，在以人口为权重的情况下，2007—2016 年江西省区域北医疗卫生及计划生育支出的泰尔指数为 0. 150 3~0. 282 1。相比较以 GDP 为权重的情况下，泰尔指数数值有所下降，但还是处于较高水平。这表明在以人口为权重下，江西省区域北的医疗卫生及计划生育财政支出存在区域性不平衡、均等化效应偏弱的问题。而在江西省区域南，2007—2016 年泰尔指数为 0. 026 5~0. 125 2，相比较以 GDP 为权重的情况下，泰尔指数有所上升，但幅度不明显。这表明在江西省区域南的区域间不平衡、均等化效应偏弱问题依旧存在，并相较以 GDP 为权重的情况下有所上升，但是相比较于区域北的不平衡性较弱。

结合两种权重的情况下进行两线对比分析。由图 3 两种权重的情况下区域北、区域南医疗卫生及计划生育财政支出泰尔指数的数值比较可知：在以 GDP 为权重的情况下区域北、区域南的泰尔指数历年变化趋势稳定，处于定值间波动；在以人口为权重的情况下，区域北、区域南的泰尔指数在 2007—2016 年呈下降趋势。这表明江西省南北两区域各地区间在医疗卫生及计划生育财政支出方面地级市间差异正在缩小，均等化效应水平正在逐步提高，与国家政策导向相一致。

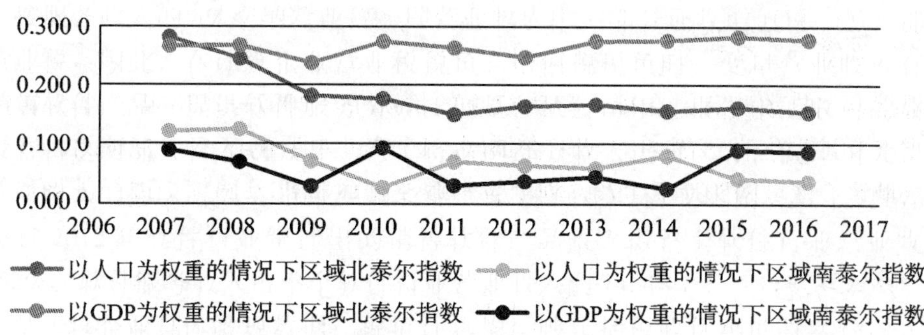

图3　2007—2016年两种权重的情况下江西省医疗卫生及计划生育财政支出区域北、区域南泰尔指数变化

由于区域内贡献率+区域间贡献率=1，故在此单独对区域内贡献率做两种权重的情况下的对比分析。从图4可以看出，在以GDP为权重的情况下区域内贡献率呈总体下降趋势，而在以人口为权重的情况下区域内贡献率总体呈现上升趋势。

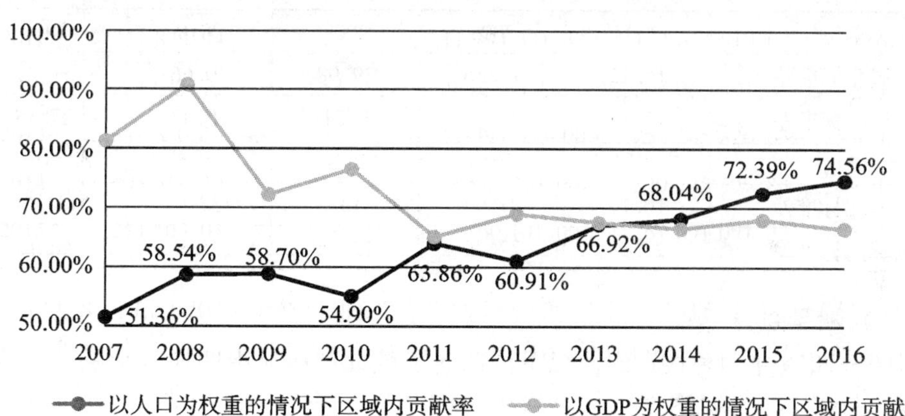

图4　2007—2016年两种权重的情况下江西省医疗卫生及计划生育财政支出区域内贡献率变化

同时，在以GDP为权重的情况下区域间贡献率呈总体上升趋势，而在以人口为权重的情况下，区域间贡献率呈总体下降趋势。但是针对医疗卫生及计划生育的对接方向，从惠民上来考虑，以人口为权重更加科学客观。即江西省区域北、区域南的医疗卫生及计划生育财政支出的区域内贡献率呈上升趋势。这表明江西省的医疗卫生及计划生育财政支出的不均衡、差异化主要是由于区域内差异导致，并且这种作用效果正在逐渐增大，这和多数学者对全国区域内、区域间的差异化、均等化研究的结果是近似的（大多数学者经过测算，全国医疗卫生支出的区域间差异程度正在逐渐缩小，而差异主要体现在区域内部）。这表明江西省和全国在两种层面上的两种区域划分均能够得出相似的结论，即区域间的差异化、不均等化问题有所改善，而区域内的差异化、不均化问题正在加剧。

三、标准差测算验证

根据泰尔指数测算，在以人口为权重的情况下，2007—2016 年，江西省医疗卫生支出及计划生育区域内差异正在加剧，区域间差距正在缩小。对此，进行江西省区域北、区域南医疗卫生及计划生育财政支出的标准差测算，进行进一步的测算验证。

测算公式为：

$$\sigma = \sqrt{\sum_{i}^{n} (x_i - x)^2 / n} \qquad (6)$$

式中，x_i代表江西省 11 个地级市，x 在下面测算中会出现两个数值（即区域北均值、区域南均值）。

（一）测算结果

区域北、区域南医疗卫生及计划生育支出标准差测算结果见表 3。

表 3　区域北、区域南医疗卫生及计划生育支出标准差测算结果

年份	2007	2008	2009	2010	2011
区域北标准差	16.12	14.56	29.98	40.66	51.21
区域南标准差	11.64	9.91	9.51	19.43	25.86
年份	2012	2013	2014	2015	2016
区域北标准差	70.16	81.94	133	137.07	131.28
区域南标准差	23.03	37.39	12.75	35.9	40.15

（二）测算分析

2007—2016 年两种权重的情况下江西省区域北、区域南医疗卫生及计划生育财政支出标准差变化见图 5。

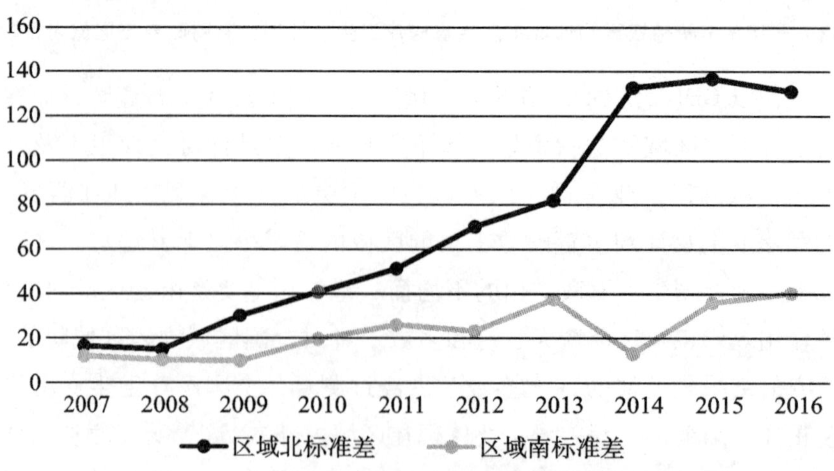

图 5　2007—2016 年两种权重的情况下江西省区域北、区域南医疗卫生及计划生育财政支出标准差变化

从以标准差作为衍生数据进行江西省地区内部差异化的研究可以看出，无论是区域北还是区域南其标准差都呈现逐年上升趋势，表明区域内部医疗卫生及计划生育支出的不均衡性正在加大。但是，2015—2016 年的增长幅度降低，其原因是江西省 2014 年出台的新政策对医疗卫生服务支出的区域公平性监督力度加大，并且对落后地区转移支付增加的缘故。这表明江西省省级政府对地区的医疗卫生及计划生育财政支出把控能力、监督能力得到强化，并达到一定效果。

四、江西省医疗卫生及计划生育支出区域化差异的原因分析

（一）各地级市经济发展存在区域差异，财政收入与支出上存在较大的区域差异

江西省区域北、区域南本身各地级市经济规模存在巨大差异，并且原有经济规模的差异会进一步加剧地区间的不平衡状态，这和滚雪球的原理是一致的。比如企业选址、青年人择业时更愿意选择经济、教育、社会保障等相对发达的地区。而地方财政收入在一定程度上与地方经济发展成正线性相关关系。经济落后的地区其财政收入、支出规模都相对较小，经济发达的地区其财政收入、支出规模都相对较大。财政收入、支出的差异导致医疗卫生及计划生育财政支出的区域化差异。

（二）各地区原有的条件存在差异，要产生同等效果的医疗卫生服务，不同地区成本存在较大差异，导致政府选择发生改变

各地级市间的条件的不一主要表现为经济水平不一、基础条件不一、教育水平不一、社会保障力度不一等。而这种条件的差异，导致经济落后、基础条件落后、教育水平落后地区相比于经济发达地区，其要达到同等效果的医疗支出，经济落后的地区需要更大的支出才能达到同等效果。这就导致经济落后地区的地方政府决策层在进行财政支出选择的时候会更加不情愿投入在医疗卫生服务方面，而更愿意将财政资金投入基础建设上。导致地方政府所采取的发展模式、财政支出结构具有本质上的不同，经济落后地区会优先考虑基础建设，各层面涉及但不深。然后，经济发达地区其基础条件完全具备，就会在惠及民生等点上进行深入发展。而这种发展程度的不一导致地方财政支出结构性的改变，形成医疗卫生及计划生育支出区域内、区域间差异化。从 2015 年以及 2016 年两年的江西省部分地级市的医疗卫生服务支出占财政支出比重的数据可以看出，经济相对发达地区，如南昌市、赣州市、上饶市的医疗卫生服务支出比重均维持在 10%以上，2016 年其比重依次为 10.78%、10.08%、11.33%。而经济相对落后的地区，如萍乡市、景德镇市、新余市的医疗卫生服务支出比重均较低，2016 年其比重依次为 8.19%、7.18%、6.75%。所以，各地区在原有的条件存在差异时，地方政府决策层的选择会发生改变，从而加剧了医疗卫生及计划生育财政支出的区域化差异。

（三）地方政府最终决策者的主观意识

政府决策者的主观意识会导致不同地区对医疗卫生服务的重视程度不一，政府决策者可能会侧重不同的方面，比如部分决策者更乐于进行当地基础设施建设，也有的决策者会选择强化生态文明建设或重视医疗卫生服务体系的构建。

五、结论与建议

（一）分析结果

由上面对江西省各地级市医疗卫生及计划生育财政支出的数据分析以及两种权重下区域北、区域南、区域内、区域间的泰尔指数测算及标准差测算验证可以得出以下结论：

2007—2016 年江西省区域北各地级市间医疗卫生及计划生育财政支出存在严重的不均衡、不合理性，均等化效应呈弱趋势。

2007—2016 年江西省区域南各地级市间医疗卫生及计划生育财政支出相对均衡、合理，均等化效应较为明显。

2007—2016 年江西省医疗卫生及计划生育财政支出的不均衡、不合理性主要由区域内差异造成，即区域内贡献率大于区域间贡献率。

（二）对策建议

由本文可以知道的是江西省医疗卫生及计划生育财政支出存在较为严重的区域化差异，并且这种差异主要是由区域内差异造成的。所以，江西省省级政府若需要降低江西省医疗卫生及计划生育的区域化差异、促进江西省医疗卫生及计划生育的均等化，省级政府应侧重通过转移支付、产业转移等政策降低区域内的医疗卫生及计划生育财政支出的差异，这对降低江西省医疗卫生服务的区域化差异、促进地区间医疗卫生均等化更为有效。

而对于具体的措施，省级政府可以考虑以下几个方面：

第一，加大对区域北、区域南弱势地区的财政转移支付，增加对弱势地区医疗卫生及计划生育的财政投入，加快其基础设施建设，通过一定的福利政策鼓励医务人员在地区间的流动。

第二，通过合适的产业转移政策，积极扶植、培育经济落后地区的产业，来促进当地的经济发展，进而缩小区域内的经济、财政收入差异。

第三，鼓励区域北、区域南进行多渠道融资，以市县级政府为主导，吸纳其他社会资本进入医疗卫生领域，构建医疗卫生财政投入倒逼机制，提高财政支出效率，强化区域北、区域南的内部医疗卫生服务的公平性。

参考文献：

［1］蒋萍，田成诗．区域卫生行业政府投入对经济增长的贡献分析［J］．财经问题研究，2009（2）：82-88.

［2］李继胜．政府医疗卫生支出的地区差异测度：基于泰尔指数的角度［J］．中国城市经济，2011（26）.

［3］李丽娟，朱静．我国卫生支出结构与经济增长关系的实证研究［J］．中国集体经济，2018（9）.

［4］王上铭．基于泰尔指数的我国地区卫生资源分布公平度研究［J］．中国卫生经济，2014（3）.

［5］徐霜．我国地方财政公共医疗卫生支出影响因素分析［J］．现代商贸工业，2016（9）.

［6］叶颖．地方基本医疗卫生领域财政支出的影响因素研究［J］．财经界（学术版），2012（9）：10.

［7］朱盛萍，刘小红，刘怡钰，等．江西省财政支持医疗卫生区域差异研究——基于泰尔指数研究［J］．卫生经济研究，2017（1）.